Auf dem Jakobsweg durch Brandenburg

Von der Oder bis nach Berlin

W0171773

Lina Lisa Kolbitz

Laura Murzik

Ulrich Knefelkamp (Hg.)

Auf dem Jakobsweg
durch Brandenburg

Von der Oder bis nach Berlin

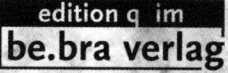

edition q im
be.bra verlag

Bibliografische Information der Deutschen Nationalbibliothek
Die Deutsche Nationalbibliothek verzeichnet diese Publikation in der Deutschen National-
bibliografie; detaillierte bibliografische Daten sind im Internet über http://dnb.d-nb.de
abrufbar.

2. verbesserte Auflage
© berlin edition im be.bra verlag GmbH
Berlin-Brandenburg, 2009
KulturBrauerei Haus S
Schönhauser Allee 37, 10435 Berlin
post@bebraverlag.de
Lektorat: Jana Muschick, Berlin
Gesamtgestaltung: Friedrich, Berlin
Schrift: Lucida Grande 10/12 pt
Druck und Bindung: DE Druck Europa GmbH, Berlin
ISBN 978-3-86124-618-3

www.bebraverlag.de

Inhalt

Der Heilige Jakobus an der Kathedrale in Santiago de Compostela.

Vorwort

Das vorliegende Buch will den Leser auf den Spuren der mittelalterlichen Jakobswege auf einen Streifzug durch das östliche Brandenburg in den Landkreisen Oder-Spree, Märkisch-Oderland und Barnim mitnehmen. Dabei zeigt es die historische Spannweite dieser an mittelalterlichen Dorfkirchen reichen Region mit ihrer faszinierend vielfältigen Landschaft, die zum Wandern, Nachdenken oder Begeistern einlädt.

Das Buch ist außerdem Antwort und Ergebnis zugleich. Es antwortet auf eine Bewegung, die vor über 1000 Jahren mit den ersten Pilgern zum Grabe des Apostels Jakobus in Santiago de Compostela im Nordwesten Spaniens begann. Diese Tradition wurde besonders seit den 90er Jahren des 20. Jahrhunderts in vielen Regionen Europas aufgegriffen. Mit großem Interesse wird die Aufdeckung und Wiederbelebung des mittelalterlichen Wegenetzes betrieben. Erweckt werden konnten die Pilgerrouten und damit der Anschluss an ein europäisches Wegenetz inzwischen auch in Ostbrandenburg.

Die Rekonstruktion dieser Pilgerwege beruht auf historischen Recherchen, die zeigen, dass sie auch in dieser Region auf den Handelsstraßen lagen. Dies wurde im Rahmen des Projektes »Jakobswege östlich und westlich der Oder« an der Europa-Universität Viadrina in Frankfurt an der Oder an der Professur für mittelalterliche Geschichte Mitteleuropas und regionale Kulturgeschichte untersucht. Studierende und Absolventen der Kulturwissenschaften spürten die historischen Routen auf und setzten sich zum Ziel, den Jakobsweg als einen zeitgemäßen und interessanten Pilgerweg wieder zu beleben. Es gelang dabei, die Vergangenheit der Region mit begehbaren, für den Pilger attraktiven Strecken zu verknüpfen. Hier sollen sich Menschen begegnen, die aus vielen unterschiedlichen Motiven auf dem Jakobsweg pilgern. Gemeinsam haben sie die Lust zu wandern, Natur zu erleben und Ostbrandenburg kennen zu lernen.

Somit ist dieses Buch auch Ergebnis der mittlerweile fast dreijährigen Arbeit aus diesem Projektseminar. Mit einer Eröffnungsveranstaltung im Juli 2007 und einer viertägigen Wanderung wurden die beiden Routen der Jakobswege offiziell eingeweiht.

Aus Haftungsgründen können diese beiden Routen hier nicht als bereits vorhandener und mit einer Infrastruktur ausgestatteter Wanderweg dargestellt werden. Die hier beschriebene Wegeführung ist der Erfahrungsbericht der gepilgerten Strecke vom Juli 2007. Spätere Abweichungen und Veränderungen bei der Ausschilderung des Weges sind möglich. Das Buch umfasst daher neben den Ergebnissen historischer Recherche vor allem die eigenen Erfahrungen der Beteiligten auf den getesteten Wegen. Daher versteht sich der vorliegende Wanderbericht als ein Vorschlag für die Wegeführung zwischen den Ortschaften.

Ich danke allen beteiligten Studierenden, Absolventen und Mitarbeitern der Europa-Universität, der Kirchen und Ministerien und anderen Verwaltungen, unseren Pilgern und den Fotografen und Autoren der vielen Texte und Vorarbeiten, besonders den beiden Hauptautorinnen, und schließlich dem intensiv betreuenden Verlag, dass sie alle den Weg zu diesem Wegbegleiter gemeinsam mit mir gegangen sind.

Bevor Sie sich nun auf den Weg machen, vergessen Sie bitte nicht, die Wanderkarten für die einzelnen Landkreise - zum Beispiel im Maßstab von 1:25.000 - mitzunehmen.

Prof. Dr. Dr. Ulrich Knefelkamp
Professur für Mittelalterliche Geschichte Mitteleuropas
und regionale Kulturgeschichte
Europa-Universität Viadrina Frankfurt (Oder)

Einer unserer verträumten Wege durch Ostbrandenburg.

Das Ziel der Jakobspilger: die Kathedrale in Santiago de Compostela

Der Jakobsweg

»El camino comienza en su casa – Der Weg beginnt vor Ihrer Haustür«, heißt ein spanisches Sprichwort, das sich auf den Jakobsweg bezieht. Dieser fängt dort an, wo ein Pilger seine Reise beginnt. Nun können sich die Menschen auch in der Region des östlichen Brandenburg vor der »Haustür« auf diese über 1000 Jahre alte, ganz Europa verbindende Pilgerroute begeben.

Der Jakobsweg durchzieht seit dem 12. Jahrhundert spinnenwebartig ganz Europa. Ziel der Pilgerreise ist Santiago de Compostela in Nordwestspanien, wo das vermeintliche Grab des Heiligen Jakobus des Älteren liegt.

Der Jakobuskult

Der Jakobuskult entstand durch Überlieferungen, nach denen der Apostel auf der iberischen Halbinsel gepredigt habe.

Große Bedeutung hatte die legendäre Entdeckung einer Grabstätte zu Beginn des 9. Jahrhunderts, die als die des Apostels ausgelegt und auf der die spätere Kathedrale errichtet wurde. Besonders im 15. Jahrhundert fand das Pilgern großen Anklang unter den Gläubigen. Der Glaube an die Kräfte und die Hilfe des Heiligen und die Hoffnung auf Heilung von Seele und Körper, aber auch die Erwartung nach Läuterung, Buße oder die Aussicht auf ein Wunder ließen die Menschen weite Strecken zurücklegen.

Santiago de Compostela wurde neben Jerusalem und Rom das wichtigste Pilgerziel der europäischen Christenheit. Die Verehrung des Heiligen Jakobus ließ Santiago de Compostela im Mittelalter zu einem begehrten Wallfahrtsort werden und bildete den Hintergrund für die Entstehung und Erweiterung des europäischen Jakobswegenetzes.

Das Jakobswegenetz

Historische Routen, Handelsstraßen und mittelalterliche Pfade der Jakobspilger ziehen sich bis heute durch ganz Europa. Das weit verzweigte Geflecht der Jakobswege mündet in Hauptwege, die nach Santiago de Compostela führen. Je größer die Entfernung zur Apostelstadt wird, desto breitmaschiger wird das Wegenetz. Die zahlreichen Routen symbolisieren dabei die vielen Möglichkeiten an das Ziel zu gelangen. Aus weiten Teilen Europas kommend, gingen die Pilger auf den bestehenden Heer- und Handelsstraßen in die Stadt des Apostels. Die bekannten Jakobswege über Frankreich und Nordspanien nach Santiago de Compostela entwickelten sich bereits im Mittelalter; einige Wege verliefen auch aus dem heutigen Deutschland über die Alpen nach Frankreich. Zwischenstationen auf dem Weg aus Deutschland waren nähere Ziele, wie etwa Orte mit heiligen Stätten, so z. B. Magdeburg, Aachen oder auch Wilsnack im heutigen Brandenburg.

Die Wiederbelebung der Jakobswege im 20. Jahrhundert

Die Reformationszeit, der Humanismus sowie die vielen Religionskriege brachten die Pilgerströme auf dem Jakobsweg beinahe zum Erliegen. Die Infrastruktur der Pilgerwege löste sich nahezu auf und erst im 20. Jahrhundert kam es, unter der Diktatur von Franco in Spanien, zu einer staatlich geförderten Wiederbelebung des Jakobsweges. Durch die Erhebung des spanischen Jakobsweges zur Ersten Europäischen Kulturstraße 1987 und durch die Ernennung als Weltkulturerbe durch die UNESCO 1993 wuchs der Wunsch unter Gläubigen und Touristen, selbst die Strecke der Pilger zu beschreiten. Die Neubelebung des alten Weges wurde in den vergangenen 20 Jahren zu einer großen gesamteuropäischen Bewegung. Zahlreiche Initiativen arbeiteten an der erneuten Herstellung der mittelalterlichen Pilgerrouten. Wie in der alten Zeit wandern heute jährlich tausende von Menschen aus allen Generationen und gesellschaftlichen Gruppen auf den alten Routen Santiago de Compostela entgegen. Gründe dafür gibt es viele: Entspannung beim Wandern, das spirituelle Erlebnis, die Suche nach Selbstfindung, die Erfahrung der eigenen Grenzen oder das Entdecken einer Kultur, der Landschaft und der Geschichte einer Region.

Was macht der Jakobsweg in Brandenburg?

Mit der Rekonstruktion der historischen Routen der Jakobspilger soll das östliche Brandenburg zwischen Frankfurt an der Oder und Berlin »vor der Haustür« an das gesamteuropäische, moderne Wegenetz angeschlossen werden, um so den Bekanntheitsgrad dieser Region als Reisegebiet zu steigern.

Aus allen Teilen Europas gingen Pilger nach Santiago de Compostela, seit dem 13. Jahrhundert auch aus dem ostmitteleuropäischen Raum. Der bekannteste östliche europäische Ausgangspunkt für die Santiago-Pilgerfahrt war Riga in Lettland. In Frankfurt an der Oder, das bis ins 17. Jahrhundert hinein ein wichtiger Warenumschlagplatz und Messeort war, fanden die mittelalterlichen Pilger aus dem osteuropäischen Raum eine der wenigen Brücken über den Fluss, über die sie in die brandenburgische Region gelangten, um anschließend auf den vorhandenen Handelswegen und Heerstraßen ihre Reise fortzusetzen. Im 15. Jahrhundert hatte das Pilgerwesen in Europa seinen Höhepunkt. Nach der Reformation und Luthers Wallfahrts- und Heiligenkritik fanden Pilgerfahrten in der protestantischen Mark Brandenburg kaum noch statt.

Die Wege der Jakobspilger in Ostbrandenburg

Während man in Spanien bis heute auf den alten Routen laufen kann, die mitunter stark verkehrsbelastet sind, wurde bei der Rekonstruktion der Wege in Ostbrandenburg das dicht ausgebaute Straßennetz beachtet. Der hiesige Pilgerweg ist ein auf die heutigen Verhältnisse abgestimmter Wanderweg für die Jakobspilger mit dem Fernziel Santiago de Compostela entlang der historischen Routen. Da historische Handelsstraßen und alte Wegestrecken selten bewahrt wurden oder auf ihnen stark befahrene Bundesstraßen verlaufen, wurde für die ostbrandenburgischen Jakobswege die Verbindung der historischen Wege mit begehbaren, für den Pilger attraktiven Strecken erzielt. Das hat den Vorteil, dass die Pilger in Ostbrandenburg offene Kulturlandschaften, ruhige Dörfer mit mittelalterlichen Dorfkirchen und eine urwüchsige Natur durchqueren können. Die Pilgerwege sollen zukünftig durch die Jakobsmuschel, das Symbol der Santiago-Pilger, ausgeschildert werden, die Pilgerzeichen und Wegmarkierung in einem ist und durch ganz Europa nach Santiago de Compostela weist. Die in diesem Buch beschriebene Routenführung empfiehlt sich für Pilger, die lokale und regionale Ziele anvisieren und trotzdem auf dem historischen Jakobsweg pilgern möchten.

Auf dem ostbrandenburgischen Jakobsweg durchquert der Pilger eine eiszeitlich geformte Landschaft, die von zahlreichen Wäldern, Seen, Hügeln, Kesseln und Schluchten durchzogen wird. Die verschiedenen Naturschutzgebiete und der Naturpark »Märkische Schweiz« werden für ihre große Artenvielfalt an Flora und Fauna geschätzt. Der Pilger läuft durch malerische Wiesenlandschaften und an Seen und Flüssen entlang. Fischotter, Eisvögel und Wiesenorchideen haben hier ihren Lebensraum.

Die reichhaltige Brandenburger Geschichte spiegelt sich auf dem Weg wider. Nicht nur die Stadt Frankfurt (Oder) bietet mit St. Marien, der größten Kirche der norddeutschen Backsteingotik, und weiteren historischen Bauten einen Einblick in die Vergangenheit. Entlang des Weges finden sich verschiedenste Kulturdenkmäler. Historische Stadtkerne und Angerkirchen prägen den Jakobsweg in Brandenburg. Alte Fachwerkgebäude und mittelalterliche Stadtmauern, Backsteinhallenkirchen und spätgotische Feldsteinkirchen, sowie zeitgenössische Baudenkmäler und Museen bieten Abwechslung.

Reisetipps im Vorbeigehen

Der Reisebegleiter soll den Weg über die beiden Routen der Jakobspilger in Ostbrandenburg weisen. Die Strecken sind in Einzeletappen aufgegliedert. So kann jeder entscheiden, ob er nur einen oder mehrere Tage auf dem Weg der Jakobspilger bleibt. In der Routenbeschreibung werden sowohl auf die kulturellen und historischen Besonderheiten der Ortschaften, als auch auf die Schönheit der Natur hingewiesen. Die Kennzeichnung des Weges mit der europäischen Jakobsmuschel als Wegmarkierung konnte in Folge offener behördlicher Verhandlungen noch nicht umgesetzt werden. Eine Wanderkarte ist in Vorbereitung.

Die touristische Infrastruktur in Ostbrandenburg befindet sich im Aufbau. Deshalb ist es nicht immer einfach, spontan in Unterkünfte einzukehren. Es empfehlen sich telefonische Anmeldungen bei der Planung der Übernachtungen. In diesem Büchlein finden Sie neben der Beschreibung der Tagesetappen auch Hinweise auf Übernachtungen und Gaststätten. Unsere Aufgabe wird es sein, Sie auf diesem Weg mit nützlichen Tipps zu begleiten.

Offene Kirchen: Da es für Gemeinden, Kommunen, Fördervereine und ehrenamtliche Helfer nicht immer möglich ist, ihre Kirchen offen zu halten bzw. regelmäßige Öffnungszeiten zu gewährleisten, erhalten Sie zusätzlich Hinweise darauf, ob die Kirche im Ort zu besuchen ist, wo der Kirchenschlüssel zu finden ist bzw. wo Sie sich für eine Führung anmelden können.

Die zwei Routen der Jakobswege in Ostbrandenburg

Aus dem Osten kommend, beginnt der brandenburgische Jakobsweg in der Stadt Frankfurt an der Oder, durchquert die Landkreise Märkisch-Oderland und Oder-Spree und endet vorerst im Landkreis Barnim. Der Weg gabelt sich in zwei Hauptrouten, die auf einem nördlichen und einem südlichen Weg von Frankfurt in Richtung Berlin führen. Die südliche Route des Pilgerweges führt von Frankfurt über Fürstenwalde (Spree) nach Erkner. Die nördliche Route führt von Frankfurt über Müncheberg und Strausberg nach Bernau. Zwischen Fürstenwalde und Müncheberg vereint eine Verbindungsstrecke beide Routen, auf der man die Wege wechseln kann. Im östlichen Brandenburg laufen die Pilger hier auf gut ausgebauten Wanderwegen der Region, die über eine Länge von ca. 200 Kilometern durch 28 Ortschaften führen.

Das Nordportal der St. Marienkirche - unser Ausgangspunkt.

Frankfurt (Oder)

Ausgangspunkt der Wanderung für die Nord- und Südstrecke

Als Grenzstadt zu Polen bildet Frankfurt (Oder) den Ausgangspunkt unserer Pilgerreise. Uns erwarten häufig dünn besiedelte Wald-, Feld- und Wasserlandschaften als Zeugnisse der eiszeitlichen Endmoränenlandschaft. Diese prägte das Bild Ostbrandenburgs stark. Die Geschichte der Stadt reicht zurück bis in die Steinzeit, als sich an der ehemals flacheren Furt menschliche Ansiedlungen bildeten. In der slawischen Siedlungszeit war der Ort bedeutender Umschlagplatz für Salz-, Tuch-, Kupfer- und Fischhandel sowie ein wichtiger Kreuzungspunkt für vielfache Handelswege. Immer mehr Handwerker und Kaufleute besiedeln Frankfurt, was zu einem wirtschaftlichen Aufschwung der Stadt führte.

Der Name Frankfurt geht auf die Weisung des Markgrafen Johann im Jahre 1253 zurück, als die Stadt »Frankenvorde« angelegt wurde. Diese Bezeichnung bezieht sich auf die Ansiedlung von Neubürgern aus dem Westen und bedeutet »Furt der Franken«. Bis in das 17. Jahrhundert hinein galt die Stadt als Knotenpunkt für Osteuropa und bildete eine einflussreiche Handelsmetropole. Mit dem Aufstreben Berlins schwand Frankfurts Stellung ab dem 19. Jahrhundert langsam. Heute ist die Kleiststadt Frankfurt vor allem ein wichtiges Austauschzentrum für den Verkehr, die Wirtschaft und die Wissenschaft Deutschlands mit Polen und Osteuropa. Wir wollen vor allem diesen mittelalterlichen Spuren des Handels folgen und uns in dieser Atmosphäre einen Teil der Strecke erpilgern.

In der Stadtmitte beginnen wir mit der Pilgerroute an der ehemaligen Hauptpfarrkirche der Stadt – St. Marien. Das Gebäude ist der größte Kirchenbau in Backsteingotik im späten 13. und frühen 14. Jahrhundert. Der ehemalige Hochaltar der St. Marienkirche ist heute in der Gertraudkirche zu besichtigen und zählt mit seinen zwei

Flügelpaaren und den 16 Gemälden zu den größten Altären Norddeutschlands.

Die **Gertraudkirche** beherbergt einen der bedeutendsten spätgotischen Altäre in der Mark Brandenburg. Auch die Bronzetaufe aus dem 14. Jahrhundert, auf der sich 44 Reliefs befinden, lädt zum andächtigen Schauen ein. Bei näherer Betrachtung der Taufe erkennt man eine deutliche Ähnlichkeit mit den Glasmalereien der Genesisfenster in der Marienkirche. Die Darstellungen aus dem Marienleben, die sich auf dem **Hochaltar** befinden, gehen nicht auf die Lukas-Offenbarung des Neuen Testaments zurück. Es handelt sich hierbei um die Offenbarungen der Heiligen Birgitta von Schweden. Maria wird hier als Himmelskönigin dargestellt und steht zwischen den Patronen des Bistums Lebus, dem Heiligen Adalbert von Prag und der Heiligen Hedwig. Wir werfen einen genauen Blick auf Maria, die das Christkind und das Lilienzepter hält. Das Symbol der Lilie wird uns auf unserer Reise in Richtung Bernau erneut begegnen.

Wir bewundern in der **St. Marien** besonders den in Europa einmaligen Antichrist-Zyklus. Die drei Chorfenster der Kirche bilden den wichtigsten erhaltenen Bestand mittelalterlicher Glasmalerei – auch wenn es sich hierbei um die Zusammensetzung aus Glasmosaiken handelt. Auf den Fenstern befinden sich, neben dem seltenen Beispiel der Antichrist-Legende, ein Passionsgeschehen sowie der Genesis-Zyklus. Das Nordportal ist wegen der Jakobusabbildung interessant für Pilger. Dort befinden sich Steinreliefs des Reichsadlers, des böhmischen Löwen und des Brandenburger Adlers. Die Symbole lassen sich zurückführen auf Kaiser Karl IV., der die Askanier im 14. Jahrhundert als Markgraf abgelöst hat. Gestaltet wurde das Nordportal von dem schwäbischen Baumeister Peter Parler, der durch seine Arbeit an dem St.-Veits-Dom in Prag Berühmtheit erlangte.

Auf der linken Seite des Nordportals entdecken wir unseren Schutzpatron: den Heiligen Jakobus mit drei Muscheln auf seinem Hut. Er wird uns bald aus der Stadt und auf den Jakobsweg leiten. Bei dem Symbol des Jakobus handelt es sich vermutlich um ein Zeichen, das auf die Pilger in Frankfurt hinweist. Es bestehen Bezüge zwischen dem Symbol des Heiligen Jakobus und der Patrizierfamilie Hokemann, die in Frankfurt lebten. Die älteste Quelle der Jakobus-Abbildung aus dem 19. Jahrhundert ist im Frankfurter Stadtarchiv aufbewahrt. Darauf hält Jakobus das Wappen der Hokemanns. Bei näherer Betrachtung lassen sich die Muscheln auf seinem Hut erkennen und wir sehen ihn in der Pilgerpose mit seinem Stab.

Bevor wir uns auf den Weg machen, werfen wir einen Blick auf das gegenüber liegende **Rathaus** als einen weiteren bedeutenden Bau der norddeutschen Backsteingotik. Das Bauwerk aus dem 13. Jahrhundert besitzt ein hohes Satteldach und ist reich an Schaugiebeln. Im Rathauskeller bestaunen wir das frühgotische Kreuzrippengewölbe.

Der goldene Hering über dem Südgiebel blitzt in der Sonne und zeugt vom Heringshandel der Stadt, der im Mittelalter betrieben wurde. Diesen Hering finden wir zusammen mit Muschelsymbolen auch am Eingang des Rathauses. Die Muschelsymbole verweisen vermutlich als maritime Symbole auf die Bedeutung Frankfurts als Hansestadt.

Wir erfahren von einem Jacobispital, das von Nikolaus Berfelde und seiner Gattin Katherine für bedürftige Fremde, Wandersleute und Pilger 1454 gestiftet wurde. Dieses Spital wurde nicht unter dem in Norddeutschland üblichen Patronat der Heiligen Gertrud errichtet, sondern unter der Schutzherrschaft des Heiligen Jakob. Das Spital ist nicht mehr erhalten. Es befand sich bis zu seiner Zerstörung im Zweiten Weltkrieg nördlich der Stadtbrücke.

Wie die damals in das Spital einkehrenden Pilger können wir heute in unmittelbarer Nähe die **Nikolaikirche** (heute Friedenskirche), als ältesten Kirchenbau Frankfurts, bewundern. Benachbart liegt das **Franziskanerkloster**, in dem sich eine Konzerthalle befindet. Von der Friedenskirche kann man auf einer geplanten Zusatzroute über die Wüste Kunersdorf zum alten Bischofssitz Lebus pilgern.

Das **Kleist-Museum** der Stadt lohnt sich ebenfalls für einen Besuch. Es ist Literaturmuseum und Forschungseinrichtung zugleich und widmet sich dem Werk und der Wirkung des Dramatikers und Novellisten Heinrich von Kleist (1777-1811). Wir erfahren dort auch etwas über die Dichter Ewald Christian von Kleist (1715-1759), Franz Alexander von Kleist (1769-1797) und Friedrich da la Motte Fouqué (1777-1843).

Die Kirchen von Frankfurt an der Oder

St. Marienkirche und Glasmalereiausstellung (Offene Kirche)
Oberkirchplatz 1, 15230 Frankfurt (Oder)
🕐 25. März – 29. Oktober, täglich 10 – 17 Uhr,
   30. Oktober – 24. März, 10 – 16 Uhr
☎ 0335/ 32 52 16, 🖨 0335/38 72 80 11
📧 kontakt@st-marien-ffo.de, 💻 www.st-marien-ffo.de

Friedenskirche (Offene Kirche)
Steingasse 1a, 15230 Frankfurt (Oder)
🕐 Mo. – Sa. 10 – 16 Uhr, So. und feiertags 13 – 16 Uhr
☎ Pfarrer Hanert 033605/301

St. Gertraudkirche (Offene Kirche)
Förderverein der St. Marienkirche Frankfurt (Oder) e. V.
Gertraudenplatz 6, 15230 Frankfurt (Oder)
🕐 15. Mai – 15. Sept.: Di. – Sa. 10 – 12 Uhr und 15 – 18 Uhr
☎ 0335/38 72 80 10

Evangelische St. Georgenkirche (nicht offen)
Karl-Ritter-Platz 4, 15230 Frankfurt (Oder)
Besuch auf Anfrage:
☎ 0335/32 52 16

Katholische Kirchengemeinde Heilig Kreuz (Offene Kirche)
Pfarrbüro: Franz-Mehring-Straße 4, 15230 Frankfurt (Oder)
🕐 So. 8 – 10 Uhr, Mo. – Sa. auf Anfrage im Pfarrbüro
☎ 0335/56 46 70.

Heilandskapelle (Offene Kirche)
Besichtigung und Führung nach Absprache stets möglich.
Anmeldungen sind bei folgenden Personen möglich:
Horst Kuhnke, Eichenweg 10, 15234 Frankfurt (O.) ☎ 0335/653 57
Rolf Hak, Dornenweg 11, 15234 Frankfurt (O.) ☎ 0335/652 54
Lothar Schneider, Eichenweg 10, 15234 Frankfurt (O.)☎ 0335/652 25

Unterkünfte

City Park Hotel
Lindenstraße 12, 15230 Frankfurt (Oder)
☎ 0335/553 20, 🖷 0335/553 26 05
📠 info@citypark-hotel.de
🖳 www.citypark-hotel.de

Pension Am Kleistpark
Humboldtstraße 14, 15230 Frankfurt (Oder)
☎ 0335/238 90

Gastronomie

Frankfurter Kartoffelhaus
Holzmarkt 7, 15236 Frankfurt (Oder)
🕓 täglich ab 11.30 Uhr
☎ 0335/53 07 47, Fax: 0335/54 07 70
🖷 info@frankfurter-kartoffelhaus.de,
🖳 www.frankfurter-kartoffelhaus.de

Der Oderspeicher Frankfurts Brauhaus
Hanewald 9, 15230 Frankfurt (Oder)
☎ 0335/53 58 85

Restaurant und Café am Kleistpark
Kleiststraße 7, 15230 Frankfurt (Oder)
☎ 0335/55 62 80

Anbindung nach Frankfurt an der Oder

🚃 RE 1 Magdeburg-Eisenhüttenstadt oder der EuroCity Berlin-Warschau.

🚗 A 12 von Berlin, E30 von Warschau, B 1/B5 von Berlin, Müncheberg, B 112 Cottbus-Manschnow (Küstrin), B87 von Leipzig.

🚲 Oder-Neiße-Radweg, Anschluss an den Europäischen Fernradweg R1 bei Küstrin.

STATIONEN DER TOUR

Booßen – Sieversdorf – Madlitzer Mühle – Falkenhagen –
Arensdorf – Hasenfelde – Tempelberg – Müncheberg

Von Frankfurt (Oder) nach Müncheberg

ca. 45 Kilometer

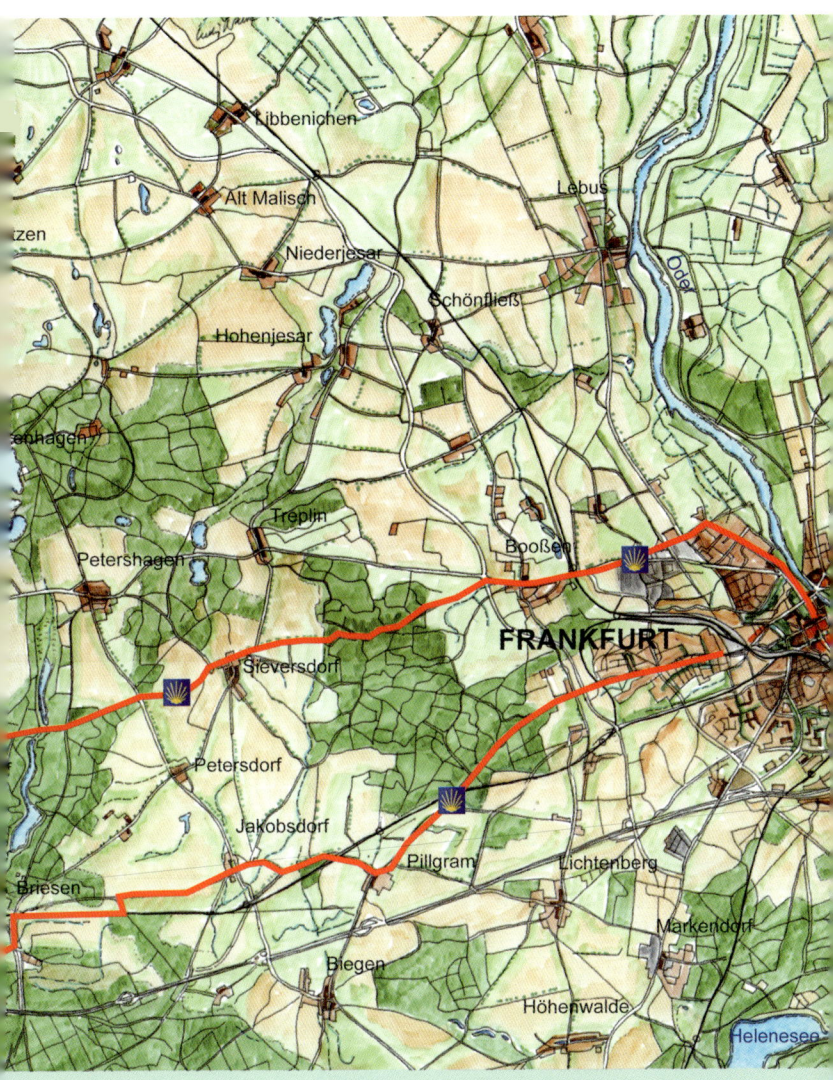

Von **Frankfurt (Oder)** aus gibt es für Pilger die Möglichkeit, über **Müncheberg** und **Strausberg** nach **Bernau** zu wandern. Diese Strecke orientiert sich an der alten Poststraße über Müncheberg, die einst Berlin mit Schlesien verband.

Mut und Vorfreude erfüllen uns, als wir erfahren, dass wir tatsächlich auf dem ältesten Heer- und Handelsweg der Region pilgern. Er führte damals von der slawischen Burg Köpenick über Lebus nach Posen, weshalb schon um 1000 Kaiser Otto III. diese Strecke bei seiner Rückkehr von Gnesen nach Magdeburg wählte.

Unser Weg führt zunächst von der Oder weg in Richtung Rosengarten durch den Frankfurter Stadtwald. Sein Kernstück war bereits seit 1616 im Besitz der Stadt und wurde im Laufe der Zeit durch Zukäufe stetig erweitert. Die Erweiterungen haben den Vorteil, dass der umstehende Wald uns während der Wanderung mit seinem Blattwerk vor der Sonne schützen kann. Auf halber Strecke zu unserem Etappenziel Booßen erreichen wir den »Eduardspring«. Diese Quelle führt zwar kein Wasser mehr, dennoch ist sie mit ihren Sitzgelegenheiten einladend für eine Rast. Bald machen wir uns wieder auf den Weg, passieren das Forsthaus und gelangen schließlich nach Booßen. Geplant ist jedoch, dass der Weg von der Marienkirche über den Ragoser Talweg nach Kliestow und Booßen ausgeschildert wird.

Booßen

Mit Booßen erreichen wir einen Ort, der eine reiche Flora und Fauna bietet. Besonders Booßens Teichlandschaft sorgt für eine idyllische Atmosphäre. Der Ort ist mit seinen knapp 1.550 Einwohnern der größte der zehn Frankfurter Ortsteile.

Das Örtchen wurde erstmals im 14. Jahrhundert urkundlich erwähnt. Die damals erbaute Wehrkirche und das Dorf wurden im Dreißigjährigen Krieg zerstört. Deshalb finden wir die neu errichtete Kirche heute im Renaissancestil vor. Für die Besichtigung der Kirche bedarf es der Anmeldung beim Pfarramt. Dieses liegt in der Dorfmitte am Anger. Nach der Anmeldung im Amt steht einem Eintritt in das Gebäude nichts mehr im Weg.

Gegenüber der Kirche befindet sich ein kleines Schloss. Der spätklassizistische Bau beherbergt eine Kindertagesstätte und einen

Die Dorfkirche in Booßen.

Jugendclub. Hier bekommen wir den Tipp, die Durchgangsstraße bergauf zu dem Wäldchen zu laufen. Der dort 1914 erbaute Bismarckturm bietet einen weiten Blick über die Landschaft. Allerdings handelt es sich bei dem Turm eher um eine Bismarcksäule, die die höchste Erhebung der Stadt Frankfurt kennzeichnen soll.

Auf dem Weg zur nächsten Ortschaft Sieversdorf führt uns der Weg durch die »Schornsteinfegerberge«. Hier wandern wir durch den Frankfurter Stadtwald. Der Waldboden ist feucht und teilweise sandig, was zum Barfuß-Pilgern anregt.

Die Kirche von Booßen
Dorfkirche (Offene Kirche)
Berliner Straße 23,15234 Frankfurt (Oder) OT Booßen
Besichtigung und Führung nach telefonischer Anmeldung im Pfarramt Booßen-Wulkow
☎ 033605/301
🖨 033605/522 80

27

Nach ca. sieben Kilometern des Wanderns erreichen wir Sieversdorf. Es gehört zur Gemeinde Jacobsdorf. Hier finden wir bald die Feldsteinkirche mit Resten frühmittelalterlicher Wandmalereien aus dem 13. Jahrhundert. Im Inneren werden wir überwältigt von einem Sternenhimmel auf strahlend blauem Grund im Bereich des Altars. Dieser besticht durch seine Holzschnitzereien und mehrere Epitaphien aus dem 17. Jahrhundert. Auf dem Altar sind verschiedene Apostel dargestellt. Wir erfahren, dass es sich ursprünglich um einen Jungfrauenaltar handelte. Dieser wurde nach der Reformation bearbeitet: die Jungfrauen bekamen Bärte und wurden so zu Aposteln! Die Bärte auf den weiblichen Figuren sind noch heute deutlich zu erkennen.

Der Kirchturm stammt aus dem 17. Jahrhundert. Wir lassen es uns nicht nehmen, ihn zu besteigen und die Aussicht zu genießen. Als wir vom Turm zurück in den inneren Teil der Kirche gelangen, weist uns ein anderes Objekt den Weg: eine Orgel der Firma Wilhelm Sauer, die ein typisches Beispiel für den Orgelbau der Spätromantik darstellt.

Die Dorfkirche in Sieversdorf.

Wilhelm Sauer selbst war ein Orgelbauer aus der Zeit der Romantik und Spätromantik. Er gründete 1857 in Frankfurt an der Oder eine der bedeutendsten Orgelbaustätten seiner Zeit.

Nach dem Besuch der Kirche überqueren wir die Straße und betreten das Gelände der Orgelwerkstatt Scheffler. Auf persönlichen Wunsch bekommen wir eine Führung durch die eindrucksvollen Räume der Werkstatt und bewundern sowohl das Handwerk, als auch die seltenen Stücke, die auf ihre Restauration warten.

Zwischen Lederklappen, Orgelpfeifen, Blechstücken und Holzspänen wird uns die Funktionsweise einer durch Luftdruck betriebenen (pneumatischen) Orgel vorgeführt. Viele Orgeln dieser Gegend funktionieren nach diesem Prinzip.

Die Kirche in Sieversdorf
Dorfkirche (Offene Kirche)
Straße der Technik, 15236 Sieversdorf
Besuch nach Absprache mit Silvia Scheffler:
Alte-Petershagener-Straße 4,
15236 Sieversdorf
☎ 033608/497 00
oder bei Familie von Stünzner, Gärtnerweg 4,
15236 Sieversdorf
☎ 033608/490 87, jeden Mittwoch Morgenmette

Unterkunft
Pension an der Orgelwerkstatt
Alte-Petershagener-Straße 4, OT Sieversdorf,
15236 Jacobsdorf
☎ 033608/497 00, 🖨 033608/34 50
📧 silvia.scheffler@web.de
💻 www.pension-orgelwerkstatt.de

Orgelwerkstatt
Führung mit Christian Scheffler
Gärtnerweg 4, 15236 Sieversdorf
☎ 033608/32 68

Mit Liebe zum Detail bietet die **Pension an der Orgelwerkstatt** als erste Pilgerherberge auf dem Jakobsweg in Ostbrandenburg Übernachtungsmöglichkeiten in Ein- und Mehrbettzimmern. Für Fußpilger mit Schlafsack bietet das Gasthaus Matratzenplätze an, die gegen eine freiwillige Spende genutzt werden können. Nach Absprache ist auch ein Frühstück in der mit Wein bewachsenen Gartenlaube möglich. Auf Anfrage können Werkstatt-, Orgel- oder Kirchenführungen durchgeführt werden. Die Pension bietet auch einen Fahrradverleih und einen wundervollen Wiesenplatz im Pfarrgarten.

Auf dem Weg zur Madlitzer Mühle durchwandern wir große Waldstücke, die besonders im Sommer angenehmen Schatten spenden. Bald kommen wir in dieser der Natur überlassenen Landschaft an den Madlitzer See. Um ihn reihen sich eine Reitanlage, ein kleines Hotel im Fachwerkstil, Restaurants und Ferienhäuser. Auch wenn der See und seine Attraktivitäten locken, führen wir unseren Weg auf den Spuren von Jakobus fort. Man kann den geplanten Weg auch von Sieversdorf über Petershagen nehmen und mit dem Besuch der Madlitzer Mühle einen kleinen Abstecher einplanen.

Falkenhagen

Von der Madlitzer Mühle kommend, erreichen wir nach leichtem Anstieg Falkenhagen. Schon von weitem begrüßt uns die erstaunlich große Wehrkirche des Ortes. Die Gemeinde Falkenhagen gehört zu den ältesten Gemeinden im Lebuser Land und hatte bis in das 17. Jahrhundert hinein als kleiner, aber wirtschaftlich bedeutsamer Ort das Stadtrecht.

Der Ort ist vor allem durch seine imposante Kirche geprägt. Sie wurde im frühen 14. Jahrhundert mit dem Grundriss einer großen Basilika als Bischofssitz errichtet. Die Höhe der Kirche lässt schnell erkennen, dass sie seinerzeit die größte frühgotische Feldsteinkirche Ostbrandenburgs war. Zudem ist sie die letzte Zeugin der ehemaligen Bedeutung

Die Wehrkirche in Falkenhagen.

des Ortes als Burganlage. Diese wurde zum Schutz der Passstraße von Fürstenwalde nach Lebus errichtet. Der zwei Seitenschiffe der Kirche wurden 1801 abgerissen.

Wir dürfen den Turm besteigen und genießen die herrliche Aussicht, während die Glocken für uns Pilger läuten. Der breite West-querturm weist darauf hin, dass hier eine Stadtkirche erbaut worden war. Die dazugehörige Stadt war wohl geplant, aber nie errichtet worden.

Am Ortseingang von Falkenhagen befindet sich übrigens die Falkenburg – ein Platz, an dem Kinder ritterliche Wettkämpfe und das Mittelalter spielerisch erleben können. Wir werden an diesem Tag auf der Falkenburg mit Bratwürsten versorgt, bevor wir uns nun auf den Weg nach Arensdorf machen.

Die Kirche in Falkenhagen
Falkenhagener Wehrkirche (Offene Kirche)
🕐 Täglich bis ca. 18 Uhr geöffnet
Sonst sind die Schlüssel erhältlich bei Familie Kunkel,
Karl-Liebknecht-Straße 3
☎ 033603/36 28
oder bei Familie Becker
Schulstraße 1
☎ 033603/556 44

Unterbringung und Gastronomie
Seehotel Luisenhof
Am Gabelsee, 15306 Falkenhagen/Mark
☎ 033603/400
🖷 033603/404 00
🖃 seehotel-luisenhof@t-online.de
🖥 www.seehotel-luisenhof.de

Erlebnis- und Abenteuerspielplatz Falkenburg
Ansprechpartner: Gert Becker,
Schulstraße 1, 15306 Falkenhagen
☎ 033603/556 44
🖷 033603/555 58

See in Falkenhagen.

Arensdorf

Über Feldwege geht es für uns weiter nach Arensdorf. Wir erreichen es nach ca. vier Kilometern und finden schnell die frühgotische Dorfkirche, die auch heute den Mittelpunkt des Ortes bildet. Dieser große Feldsteinbau aus der zweiten Hälfte des 13. Jahrhunderts besitzt vermutlich eine der ältesten Glocken im Kirchenkreis. Die Ritzglocke trägt ein Relief und eine Inschrift und stammt aus dem 13./14. Jahrhundert.

Im Inneren betreten wir den mit einer flachen Balkendecke bedeckten Kirchenraum. An der Ostwand lässt sich eine Dreifenstergruppe aus der Entstehungszeit finden. Die übrigen Fenster wurden barock verändert. Einige entdecken erst die sandsteinerne Taufe aus dem 16. Jahrhundert, dann den Dachreiterturm. Er stammt aus dem Jahr 1723 und in seinem Inneren lässt sich eine moderne Glas- und Lichtinstallation bewundern: die so genannten »gläsernen Töne«.

Die Kirche von Arensdorf
Dorfkirche (Offene Kirche)
Schlüssel bei Familie Dallach gegenüber der Kirche
Frankfurter Straße 13, 15518 Arensdorf
☎ 033635/30 50

Hasenfelde

Unser Pilgerweg leitet uns nun weiter in das ca. drei Kilometer entfernte Hasenfelde. Während einige noch um den Dorfteich wandern,
betreten wir schon die Kirche. Die Dorfkirche von Hasenfelde ist ein
spätgotischer Saalbau mit barocker Ausstattung. Wie fast alle Kirchen
aus der Region ist auch dieses Gebäude aus Feldsteinen erbaut. Der
quadratische Westturm wurde aus den Resten seines Vorgängers im
13. Jahrhundert errichtet. Innen erblicken wir einen Altaraufsatz aus
Holz. Im frühen 17. Jahrhundert wurde der schlichte Altar aus Spät-
renaissanceformen hergestellt. Seine Gemälde zeigen die Kreuzigung
und die Himmelfahrt. In der so genannten Predella, dem Gemälde un-
terhalb des Altarbildes, ist eine Darstellung des Abendmahls zu sehen.
Die Orgel ist aus dem Jahr 1857.

Das Kirchtor in Hasenfelde.

Die Dorfkirche in Hasenfelde.

Die Kirche von Hasenfelde
Dorfkirche (Offene Kirche)
Schlüssel bzw. Anmeldung bei Christa Schultz
Fürstenwalder Straße 16, 15518 Hasenfelde
☎ 033635/30 73
oder im Pfarramt Heinersdorf, ☎ 033432/73 62 75

Unterkunft in der Umgebung
Heinersdorf
Evangelisches Rüstzeitheim Heinersdorf
Der Träger ist der Kirchenkreis Fürstenwalde,
hier Anfragen, um eine individuelle Unterkunft zu bekommen,
☎ 033432/704 32

Tempelberg

Durch Felder und Wiesen gelangen wir nach ca. 4,5 Kilometern in das Angerdorf Tempelberg. Die romanische Kirche ist an einem See gelegen – umschlossen von der kleinen Ortschaft. Im 13. Jahrhundert erhielten die Tempelritter vom schlesischen Herzog Heinrich I. einen Teil des Lebuser Landes. Sie gründeten unter anderen Ortschaften auch Tempelberg und erbauten hier die Kirche und die Mühle. Dieser Umstand kann auch auf Pilger verweisen, denn Pilger und Wallfahrer standen unter dem besonderen Schutz des Templerordens. Nach der Auflösung des Templerordens übernahm Anfang des 14. Jahrhunderts der Johanniterorden das Dorf. Als Lehen wurde es bald an die Familie von Wulffen vergeben. Heute können wir noch die Grabplatten aus dem 17. und 18. Jahrhundert bestaunen, die Zeugen der vergangenen Zeit sind.

Die Kirche von Tempelberg
Dorfkirche (Offene Kirche)
Schlüssel und Führung erhalten Sie durch Kerstin Hellmich
Lindenstraße 43, 15518 Tempelberg, ☎ 033432/731 57
oder bei Maria Schneider
Lindenstraße 26, 15518 Tempelberg, ☎ 033432/685

Der Dorfteich vor der Tempelberger Kirche.

Die Strecken zwischen den einzelnen Ortschaften sind ein einzigartiges Erlebnis. Abseits der großstädtischen Hektik finden wir Ruhe und Erholung. Der aufmerksame Beobachter trifft, je nach Jahreszeit, auf Störche, Rehe, Hasen und Eichhörnchen, hört Spechte und manchmal den Kuckuck. Diese Geräuschkulissen mischen sich für uns mit dem Bunt der Korn- und Mohnblumen, reichem Blattwerk und den versteckten Früchten der Bäume.

Müncheberg ist am Südrand des Naturschutzgebietes Märkische Schweiz im Kreis Märkisch-Oderland gelegen und gehört mit seinen 6.000 Einwohnern zu den ältesten Städten der Mark Brandenburg.

Schon von weitem können wir den Kirchturm Münchebergs sehen. Doch bis wir die Stadt über das Küstriner Tor erreichen, sind noch einige Kilometer zurückzulegen. An dem Küstriner Tor angelangt, wandern einige entlang der alten Stadtmauer zur Ortsmitte, andere nehmen den direkten Weg an der Hauptstraße des Ortes zur Stadtpfarrkirche St. Marien.

Der Küstriner Turm wurde im 15. Jahrhundert zur Feuerverteidigung errichtet und seine Mauerstärke beträgt beachtliche 2,75 Meter. Neben der Verteidigung diente der Torturm später auch als Gefängnis. Eine Umnutzung überrascht uns dennoch, denn im 19. Jahrhundert barg das Untergeschoss einen Eiskeller! Die Besichtigung ist

Straße in Müncheberg.

nach Voranmeldung in der Touristeninformation möglich. Wir machen uns aber erstmal auf zur St. Marienkirche.

Übrigens wird der Küstriner Torturm, wegen des Storchennestes auf seiner Spitze, auch Storchenturm genannt. Auf dem Weg nach Bernau werden wir noch einigen Storchennestern begegnen. An der Stadtmauer kann man zu großen Teilen entlang wandern. Es führt ein Promenadenweg für Wanderer und Radfahrer herum, der am Berliner Tor in den Stadtpark mündet. Auch die schwere Mauer ist eine alte Zeugin des 14. Jahrhunderts. Mit fast 1.800 Metern Länge und sechs bis sieben Metern Höhe umschloss sie fast vollständig die mittelalterliche Stadt. In die Mauer wurden zwei Tore mit Verteidigungstürmen und Zugbrücken, sowie 27 Weichhäuser eingebaut. Ein System von Gräben und Wällen bot zusätzlich Schutz.

Die Stadt »Möncheberg« entstand aus einer Zisterziensergründung zwischen 1225 und 1232. Das Land wurde den Mönchen aus dem schlesischen Kloster Leubus 1224/25 durch den Piastenfürsten Heinrich den Bärtigen geschenkt. Ungefähr zeitgleich wurde für die St. Marienkirche der Grundstein gelegt. Der Ort entwickelte sich durch Handwerk, Handel und Gewerbe zu einer der bedeutendsten Städte der Mittelmark. 1245 erhielt »Municheberc« sein Stadtrecht und 50 Jahre später wurde die Stadtmauer errichtet.

Der Orden der **Zisterzienser** entstand um 1098 als Protestbewegung gegen das bestehende Mönchtum der Benediktiner, was stark am Leben der Mönche des Klosters Cluny deutlich wird. Der Abt Robert von Molesme gründete mit 20 Mönchen in Burgund ein neues Kloster, das später nach dem Ort Cistercium (Citeaux) benannt wurde. Hier besann man sich auf frühchristliche Strenge der Benediktusregel und lebte in Armut, Einfachheit und von eigener Handarbeit: »Ora et labora!« Durch den Eintritt des heiligen Bernhard von Clairvaux verbreitete sich der Orden der Zisterzienser in ganz Europa. Es kam zur Neugründung vieler Klöster – so auch in Brandenburg. Zu Beginn des 14. Jahrhunderts gab es über 700 Klöster der Zisterzienser vor allem in Frankreich, England und Deutschland. Die meisten Klöster verlor der Orden nach der Reformation, der Französischen Revolution und der Säkularisation. Bis heute bestehen Zisterzienserklöster weltweit.

Blick auf die St. Marienkirche in Müncheberg.

Mit dem Hussitenüberfall von 1432 kamen Plünderung und Zerstörung, der Dreißigjährige Krieg und Pestepidemien taten ihr übriges und bald litt die Stadt unter dem wirtschaftlichen Niedergang bis hin zum 17. Jahrhundert. Eine Stärkung des Handels- und Geschäftslebens fand erst wieder zu Beginn des 18. Jahrhunderts, durch die Ansiedlung von 40 französischen Familien, statt. Durch die Poststation und den regen Geschäftsverkehr in östlicher Richtung und nach Berlin gewannen auch die geistigen und politischen Interessen der Stadt an Stärke.

Die Stadt wurde zunehmend durch die Landwirtschaft geprägt. Die Zerstörungen des Zweiten Weltkriegs überstanden nur die beiden Türme, einige Teile der Stadtmauer und die Marienkirche. Die frühgotische Pfarrkirche St. Marien wurde im 13. Jahrhundert aus regelmäßig behauenen Granitquadern errichtet. Um 1500 wurde sie zu einer Backsteinhalle umgebaut und im 19. Jahrhundert grundlegend nach Entwürfen von Karl Friedrich Schinkel rekonstruiert. Die Kirche war nach dem Zweiten Weltkrieg gänzlich zerstört. Ihre Ruine konnte erst 1991 erneut aufgebaut werden. Der Westturm ist heute wieder öffentlich zugänglich und so besteigen wir auch ihn, um auf die kommende Pilgerstrecke Richtung Strausberg zu blicken.

Nach auftretenden Bauschäden 1817–27 brach man den Westturm der Kirche ab; er wurde nach dem Entwurf Karl Friedrich Schinkels in etwa vier Metern Entfernung zum Schiff neu errichtet und durch eine, mit hohem Spitzbogen geöffnete, Vorhalle mit der erhaltenen Ostwand des mittelalterlichen Turms verbunden. Das Glockengeschoss mit spitzbogigen Öffnungen und der Spitzkegel des Turmdachs knüpfen an die mittelalterlich-märkische Kirchenarchitektur an.

St. Marien besticht nicht nur durch ihre überraschende Größe, sondern auch durch die Ausgestaltung des Innenraumes: 1990 wurde die stark zerstörte Kirche renoviert. Im Inneren betreten wir einen Raum, in dem sich ein Holzbau befindet, der einem Schiffsrumpf ähnelt. In ihm ist heute die Stadtbibliothek untergebracht.

Von diesem sehr beeindruckenden Bau geht es für uns nun wieder stadtauswärts durch den Berliner Torturm. Der Berliner Torturm, auch Pulverturm genannt, befindet sich in unmittelbarer Nähe zur Touristeninformation. Von diesem älteren Tor wurde die Stadt ebenfalls verteidigt. Wie der Küstriner Torturm ist auch der Berliner Torturm aus Feldsteinen erbaut. Sein Obergeschoss besteht aus Backstein. Er wurde im 15. Jahrhundert mit dem Bau der Stadtmauer errichtet und diente früher als Pulverlager und Gefängnis. Im Mittelgeschoss befindet sich ein Wachraum mit altem Zugang und Aborterker.

Hinter dem Berliner Turm wählen wir aufgrund mangelnder Fußwege den Bus bis zum außerhalb liegenden Bahnhof Müncheberg. Von dort aus ist der Einstieg in eine neue Etappe auf dem Jakobsweg sehr empfehlenswert. Wir betreten eine sehr naturbetonte Wegstrecke, da ein Großteil der Route durch die Märkische Schweiz führt.

Die Kirchen von Müncheberg
St. Marienkirche (Offene Kirche)

🕐 Mo. – Fr. 10 – 16 Uhr, Di. 10 – 18 Uhr, Do. 10 – 17 Uhr, So. 13 – 17 Uhr, Gottesdienst jeden Sonntag um 10 Uhr, Besichtigung mit Turmbesteigung an Sonn- und Feiertagen jeweils von 13 – 17 Uhr

☏ 033432/728 06, 🖨 033432/728 05

✉ info@stadtpfarrkirche-muencheberg.de

💻 www.stadtpfarrkirche-muencheberg.de

Katholische Kirche St. Michael
Karl-Marx-Straße 15
15374 Müncheberg
☏ 033432/719 79

Unterkunft
Landhaus Luckas
Philippinenhof 7, 15374 Müncheberg
☏ 033432/740 27
✉ info@landhaus-luckas.de
💻 www.landhaus-luckas.de

Das **Landhaus Luckas** liegt auf dem bekannten Gut Philippinenhof in der Nähe zur Stadt. Es ist sehr ruhig auf dem »Schönen Berg«. Der ideale Zwischenstopp zum Ausruhen, Besinnen und Kraft auftanken. Ein Pilgerquartier mit einfachen Schlafplätzen steht zur Verfügung. Pilger erhalten hier einen Schlafplatz und ein Frühstück zu günstigen Preisen. Es gibt eine Küche für Selbstversorger, ein Bad und eine Dusche. Darüber hinaus bietet das Landhaus einen gemütlichen Kamin. Für Radfahrer/Radpilger gibt es einen Fahrradunterstellplatz und Trockenmöglichkeiten.

Hotel und Pension Mönchsberg
Florastraße 25c, 15374 Müncheberg
☏ 033432/367
💻 www.hotel-moenchsberg.de
✉ mail@hotel-moenchsberg.de

Gastronomie
Restaurant Märkischer Landmann
Wasserstraße 10, 15374 Müncheberg
☎ 033432/893 20

Rathauseck
Wasserstraße 1, 15374 Müncheberg
☎ 033432/390 oder 033432/891 67
🖷 033432/78 91 67

Landhotel Sterntaler,
Poststraße 6, 15374 Müncheberg
☎ 033432/894 40
🖷 033432/984 43

Anbindung
🚆 Regionalbahn Berlin–Küstrin
🚗 B1/B5 von Berlin nach Frankfurt (Oder)
🚌 Fürstenwalde (Spree), Buckow

In der St. Marienkirche in Müncheberg.

Von Müncheberg nach Strausberg

ca. 25 Kilometer

Von Müncheberg nach Hoppegarten

Vom Bahnhof auf der Eberswalder Straße kommend, biegen wir kurz vor dem Bahnübergang links in eine Feld- und Wiesenlandschaft ein. Auf Feldwegen nehmen wir den von kleinen Bäumen gesäumten Weg und betreten bald ein Waldgebiet. Unser nächstes Ziel ist das ca. 5,7 Kilometer entfernte Hoppegarten. Vorerst genießen wir jedoch den einzigartigen Reichtum an Flora und Fauna der Märkischen Schweiz. Wir werden vorbei geführt an einer Kiesgrube und müssen schließlich eine Hauptstraße überqueren. Auf dem dort befindlichen Parkplatz entdecken wir eine Gulaschkanone, die zu einer warmen Mahlzeit einlädt. Nun sind es nur noch wenige Kilometer auf einem kleinen Waldweg bis zum Örtchen Hoppegarten.

Hoppegarten (bei Müncheberg)

Mit seinen 277 Einwohnern gehört Hoppegarten heute zu dem acht Kilometer entfernten Müncheberg. Vermutet wird, dass der Ort älter ist als die erste urkundliche Erwähnung von 1352.

Die erst 1714 erbaute Kirche in verputztem Backsteinbau ist leider nicht immer offen, doch es finden regelmäßig Andachten statt. Die Gegend um Hoppegarten zeichnet sich durch eine Vielzahl von Wander- und Radwegen aus. So können Ausflüge um den Maxsee, ins Rote Luch oder durch den Müncheberger Stadtforst unternommen werden.

Die 1990 zum Naturpark erklärte **Märkische Schweiz** liegt ungefähr 60 Kilometer östlich von Berlin im Landkreis Märkisch-Oderland. Mit ihren 200 km² ist sie das älteste und kleinste Großschutzgebiet Brandenburgs. Die Märkische Schweiz beeindruckt vor allem durch ihre vielfältigen Landschaftsschutzräume. Diese sind eingebettet in ein eiszeitliches Moränenrelief. Neben Wald- und Seengebieten in leichter Hügellandschaft besitzt sie große Wiesen und Moore. Deshalb wundert es nicht, dass sie für fast 250 Vogelarten, über tausend Pflanzenarten und sogar zwölf Fledermausarten Schutz bietet und sie so vor der Ausrottung bewahrt.

Die alte Stadtmauer in Müncheberg.

Unsere Route auf den Jakobswegen führt durch die Märkische Schweiz über das kleine Örtchen Werder weiter nach Rehfelde. Wir durchqueren das Rote Luch einige Kilometer bis nach Werder. An diesem Weg befinden sich viele Obstbäume: entsprechend der Jahreszeit kann man Kirschen, Pflaumen, Äpfel und Birnen pflücken. Wir stärken uns an köstlichen Kirschen, bevor wir nach ca. 5,4 Kilometern das Angerdorf Werder betreten.

Dorfkirche Hoppegarten bei Müncheberg (nicht offen)
Kontakt erfolgt über die Kirche Müncheberg (Pfarrer Joost),
Di. 9 – 11.30 Uhr, Mi. 17.30 – 19 Uhr
☎ 033432/917 02

Auf unserem Weg von Müncheberg Richtung Strausberg durchwandern wir das Gebiet **Rotes Luch**. Es ist ein Niedermoorgebiet und dient als Quellgebiet des Stobbers. Er bezeichnet die Wasserscheide, von der aus das Wasser des Stobbers in Richtung Norden über die Oder in die Ostsee und nach Süden über Löcknitz, Spree, Havel und Elbe in die Nordsee fließt. Von diesen besonderen Standortbedingungen her erklären wir uns auch das Gedeihen vieler verschiedener Pflanzenarten: es lassen sich Feuchtwiesen im zentralen Bereich bis zu den verschiedenen Waldgesellschaften am Rand des Luchs und den Wacholderheiden sowie den artenreichen Trockenrasen an den Westhängen finden. So wandern wir durch Wald, Wiesen und über mit Kiefern bewachsene sandige Hochflächen – eine Landschaft, die wir so kaum erwartet hätten.

Werder

Werder wurde 1309 erstmals erwähnt und liegt in unmittelbarer Nähe des Roten Luchs. Über zwei Jahrhunderte (1375–1553) gehörte Werder, wie viele Dörfer dieser Gegend, zum Besitz des Klosters Zinna. Ursprünglich soll der Ort sich westlicher befunden haben, umgeben vom Wasser des Luchs und des Mühlenfließes. Daher auch der Name Werder, gleichbedeutend mit »Insel«.

Sehenswert ist für uns das Wahrzeichen des Ortes: die 1987 restaurierte Dorfkirche aus dem 13. Jahrhundert. Der spätromanische Feldsteinbau besitzt einen spätgotischen quadratischen Turm. Auf Anfrage können wir die von den Zisterziensern errichtete Kirche besichtigen. Ungewöhnlich sind die Ritzzeichnungen aus dem 16. Jahrhundert. Sie befinden sich an dem Turm und ihre Bedeutung konnte bis heute nicht erklärt werden: Auf dem weiß-grauen Kalkstein entdecken wir eine Figur mit Narrenkappe, den Leidenswerkzeugen Christi, eine Sonnenuhr und die Zahl 1586. Die tiefere Bedeutung der Zeichnungen und in welchem Zusammenhang die Stücke zueinander stehen, ist nach wie vor ein Geheimnis. Noch ist es keinem Forscher der Werderaner Orts- und Kirchengeschichte gelungen, es zu lüften.

Im Inneren der Kirche sehen wir einen Kanzelaltar aus dem 18. Jahrhundert mit gemalten Bildern Christi und den Evangelisten.

Die Kirche am Dorfplatz von Werder.

An dieser Kirche lassen sich die Veränderungen der vergangenen Jahrhunderte besonders gut erkennen. Nach der Reformationszeit wurde die Teilung der Geschlechter und das Verbot, den Chorraum zu betreten, aufgehoben. Daher sind die einzelnen Eingänge für Männer, Frauen und Priester in einem neuen Portal zusammengefasst worden. Die ursprünglichen Pforten wurden zugemauert.

Für einige von uns geht der Weg von den geheimnisvollen Zeichnungen nun nach Garzau, dass nur einen Kilometer weiter entfernt liegt. Andere möchten einige hundert Meter auf dem Lilienrundweg gehen und schlagen zunächst den Weg über Rehfelde ein.

Die Kirche von Werder
Dorfkirche (nicht offen): Ansprechpartner für weitere Informationen ist Herr Reichwald
☎ 033435/258

Der ca. 14 Kilometer lange **Lilien-Rundweg** verbindet die Feldsteinkirchen der Dörfer Werder, Zinndorf, Rehfelde und Garzau. Auf den
Spuren der Zisterzienser folgt man dem Zeichen ihres Ordens: der
weißen Lilie; der Blume der heiligen Maria. Die Mönche und Nonnen
der Zisterzienser prägten über 300 Jahre die Kulturlandschaft Brandenburgs mit ihrem landwirtschaftlichen, heilmedizinischen und bau-
technischem Wissen. Die Lilie ist uns bereits durch den Hochaltar in
der Gertraudkirche in Frankfurt (Oder) bekannt: die dort abgebildete
Maria hält das Lilienzepter!

Rehfelde

Wir besuchen in Rehfelde-Dorf die romanische Angerkirche aus dem
13. Jahrhundert. Die Kirche wurde von Zisterziensermönchen erbaut,
wurde aber im Laufe der Zeit immer wieder umgestaltet. So entstanden
das frühgotische Kirchenschiff und der Chorraum im 15. Jahrhundert.
Die heute zu sehende Fensterform und die Innenausstattung bezeugen
die Zeit des 18. Jahrhunderts. Von der Kirche gehen wir nach Rehfelde,
wo sich ein kleiner Bahnhof befindet. Hier können Wanderer den Bahn-
verkehr nutzen oder eine Übernachtung einlegen.

Alte Grabkreuze an der Kirchenmauer in Rehfelde (Dorf).

Die **Architektur der Zisterzienser** entsprach anfangs ganz der Strenge des Ordenlebens und war sehr einfach und schlicht. Mit der Rückbesinnung auf die alten Ideale wollte man eine Abkehr von der Reizung der Sinne durch reiche und prunkvolle Verzierung erlangen. Die Kirchenräume zeichneten sich durch Einfachheit und Schmucklosigkeit aus. Anfangs war ein Turm ebenso verboten, wie farbig gestaltete Figurenfenster oder eine Verzierung des Innenraums und des Portals. Allein hölzerne Kruzifixe waren erlaubt. Die Kirchenräume schufen in gewissem Sinne durch ihre Proportionen und durch das Wechselspiel von Licht und Schatten einen Ort der Meditation. Erst durch eine allmähliche Lockerung der Ordensregeln wurden die Bauten der Zisterziensermönche prunkvoller ausgestaltet.

Die Kirche von Rehfelde

Dorfkirche Rehfelde-Dorf (nicht offen): Der Schlüssel ist unter der Woche beim Pfarrhaus hinter der Kirche erhältlich.

Übernachtung

Haus H & M
Bahnhofstraße 26, 15345 Rehfelde
☎ 033435/716 95
🖷 033435/716 92
✉ wibecon@t-online.de
🖥 www.ferienwohnungen-rehfelde.de

Das liebevoll hergerichtete **Haus H & M** liegt am Bahnhof Rehfelde in unmittelbarer Nähe zur Märkischen Schweiz und bietet gute Übernachtungsmöglichkeiten in Ferienwohnungen und Appartements sowie einen Abstellplatz für Fahrräder. Erschöpfte Pilger können hier außerdem die Sauna nutzen.

Restaurant und Pension Märkischer Hof

Lagerstraße 1, 15345 Rehfelde
☎ 033435/772 34
📱 0173/207 85 69
🖥 www.maerkischer-hof-rehfeld.de

Garzau

Eingebettet in die Sumpf- und Wiesenlandschaft des Roten Luchs auf der einen Seite und in Felder und Streuobstwiesen auf der anderen Seite befindet sich Garzau. Der Ort ist unser nächstes Ziel auf dem Wegabschnitt durch die Märkische Schweiz. Das ursprüngliche Angerdorf wird um 1250 erstmals erwähnt. Auch in diesem Dörfchen

Kleiner Gewässerlauf bei Garzau.

52

entdecken wir schnell die Dorfangerkirche. Dieser kleine rechteckige Feldsteinbau mit einem Zeltdach über dem Westgiebel entstand am Ende des 13./Anfang des 14. Jahrhunderts. Das Obergeschoss des Westquerturms stammt aus dem 15. Jahrhundert.

Als wir den Innenraum der Kirche betreten, bestaunen wir an dem Hochaltar Teile eines Schnitzaltars von 1490. Die Darstellungen auf dem Altar zeigen die 12 Apostel und die Kreuzigung mit Johannes und Maria im Mittelteil. Der Taufstein ist spätgotisch, der Kanzelaltar entstand zu Beginn des 18. Jahrhunderts. Beeindruckt von den Resten des noch erhaltenen Schnitzaltars machen wir uns auf den Weg in Richtung Schloss. Das alte Gebäude blieb uns leider nur als Ruine erhalten.

Sowohl das Schloss, das 1911 nach einem Brand im klassisch monumentalen Stil wieder aufgebaut wurde, als auch ein sehr gepflegter Anger, die restaurierte Kirche sowie viele renovierte und neue Häuser, machen **Garzau** zu einem der sehenswertesten Dörfer der Region. Das in einem alten Feldsteinbau eingerichtete, gemütliche Landhotel und der angrenzende Ökohof erfreuen sich großer Beliebtheit.

Im 14. und 15. Jahrhundert blieb Garzau weitgehend verlassen und wurde erst im 16. Jahrhundert erneut als Rittersitz genutzt. Das Gut Garzau wurde 1779 von dem preußischen General Graf von Schmettau erworben. Bekanntheit erlangte dieser vor allem durch ein handgezeichnetes Kartenwerk von 200 Blatt im Maßstab 1:50.000 – die »Schmettausche Karte von Preußen«. Für das Gut Garzau ließ Schmettau einen englischen Garten, vergleichbar mit dem Wörlitzer Park, und eine Pyramide errichten. Ursprünglich wollte Graf von Schmettau in der von ihm erschaffenen Pyramide inmitten seines Landschaftsgartens bestattet werden. Doch die Pläne änderten sich, da das Gut zu Beginn des 19. Jahrhunderts verkauft wurde. Die Pyramide ist eine der schönsten der insgesamt elf Pyramiden im Land Brandenburg und wir können sie heute wieder besichtigen.

Von Garzau nehmen wir den Pfad in Richtung Langen See, um nach Garzin zu gelangen. Unser Weg führt uns nicht direkt in das Dorf Garzin, sondern schlängelt sich an einem Wäldchen entlang bis zur Hohensteiner Mühle; einer märchenhaft verfallenen Ruine.

Der **Landschaftspark** wurde 1780 im Zusammenhang mit einem Gutshaus für Graf Friedrich Wilhelm Carl v. Schmettau angelegt. Nach dem grassierenden Feuer von 1911 wurde das Gutshaus grundlegend verändert. Der Park wurde, nach den Beschreibungen des Naturforschers Johann Georg Forster inspiriert von den Südseeinseln mit Seen, Kanälen, Wasserfällen und einer »Tahitianischen Hütte« gestaltet.

Die Kirche von Garzau
Dorfkirche (nicht offen):
Der Schlüssel ist in der Woche (vormittags) und am Wochenende bei Frau Scholz erhältlich
☏ 033435/759 53

Unterbringung & Gastronomie
Landhotel Garzau
Auf dem Ökohof, Alte Heerstraße 82,
15345 Garzau
(vorübergehend geschlossen)
🖥 www.landhotel-garzau.de

Die Schmettausche Grabpyramide in Garzau.

Wir blicken nun gespannt von Garzau über Garzin und Hohenstein auf eine weitere Etappe auf den Jakobswegen durch Ostbrandenburg nach Strausberg, dem westlichen Tor zur Märkischen Schweiz. Durch die spätere Ausschilderung besteht aber auch die Möglichkeit von Garzau aus direkt über Rehfelde zu pilgern und einen Weg zu nehmen, der südlich nach Strausberg hinein führt.

Garzin

Als nächstes erreichen wir das idyllische Dorf Garzin. Die Entdeckung eines slawischen Burgwalls deutet daraufhin, dass der Ort zusammen mit einer slawischen Burganlage entstanden ist. Im 14. Jahrhundert wurden für Johanne de Garzin die Burg als Rittersitz und die Kirche errichtet sowie ein Anger angelegt.

Von der Feldsteinkirche kommend, bewegen wir uns nun in Richtung Ortsausgang und nehmen den Weg zu dem 2,5 Kilometer entfernten Hohenstein. Die Dorfkirche Garzin ist nicht offen.

Hohenstein

Hohenstein ist ein Ortsteil der Stadt Strausberg im Landkreis Märkisch-Oderland östlich von Berlin. Die Umgebung ist flach bis hügelig und wird überwiegend von der Landwirtschaft genutzt. Sie gehört zur Grundmoränenplatte des Barnim. Hohenstein bildet das westliche Eingangstor in den Naturpark Märkische Schweiz.

Den Wanderer erwartet auf der rechten Seite eine als Denkmal geschützte Kirche. Die Dorfstraße überquerend, führt der Weg uns an den letzten Häusern Hohensteins vorbei. Diese besonders schönen Feldsteinbauten verabschieden den Pilger aus Hohenstein.

Nun folgen wir der Landstraße 2 Kilometer bis nach Klosterdorf. Diese Straße ist zwar befahren, aber dennoch sowohl als Wanderweg als auch als Fahrradweg gut geeignet. Die Dorfkirche Hohenstein ist nicht offen.

Die Dorfkirche in Hohenstein.

Als wir das Hinweisschild nach **Buckow** lesen, liebäugeln wir für kurze Zeit damit, unseren Pilgerpfad zu verlassen. Der Luftkurort ist von Hohenstein über die Landstraße in östlicher Richtung zu erreichen. Ein kleiner Ausflug dorthin ist besonders reizvoll, da der Ort am Buckowsee liegt. Die Bertold-Brecht-Interessierten unter uns sollten das **Brecht-Weigel-Haus** besuchen, denn der Schriftsteller und Dramatiker erwählte Buckow ab 1952 zu seinem Sommersitz.

Im Jahr 1977 wurde das Haus Gedenkstätte für Brecht und seine Frau Helene Weigel. Originale Einrichtungsgegenstände, Bühnenbildmodelle, Planwagen und Kostüme zu Brechts Theaterstück »Mutter Courage und ihre Kinder« sind im Museum zu sehen. Seit 1998 veranstaltet die Gedenkstätte jedes Jahr einen Literatursommer mit Lesungen, Liedernachmittagen, Konzerten, Gesprächsrunden, Diskussionen, Filmen und Ausstellungen.

Mit Klosterdorf erreichen wir ein kleines, typisch brandenburgisches Dorf mit 460 Einwohnern. Klosterdorf vereinigt die Schönheiten der Natur und die Nähe zum pulsierenden Leben der Großstadt. Es liegt am Rande der Märkischen Schweiz und ca. 40 Kilometer von Berlin entfernt. Im Zentrum des Ortes finden wir eine alte Feldsteinkirche. Das denkmalgeschützte Gebäude wurde in der ersten Hälfte des 13. Jahrhunderts errichtet und ist das Wahrzeichen von Klosterdorf. Die Kirche wurde aus sorgfältig zurecht geschlagenen Feldsteinquadern erbaut und zeigt deutlich romanische Formen, wie rundbogig geschlossene Portale, die heute zum Teil vermauert sind und eine halbrunde Apsis als Ostabschluss. Der Turm entstand zur gleichen Zeit. Das runde Bauwerk ist dem Schiff westlich in voller Breite quer vorgelegt; beide sind in einem einheitlichen Bauvorgang entstanden. Das Obergeschoss des Turmes war in gefährlichen Zeiten eine sichere Zufluchtsstätte: Nur durch einen engen Zugang, der innerhalb der nördlichen Seitenmauern verlief, gelangte man in Sicherheit. Die heutige Klosterdorfer Kirche

Die Dorfkirche in Klosterdorf.

finden wir mit umfangreicher Dachsanierung und neuem Innenanstrich vor. Dieser Farbanstrich entspricht nicht dem alten Originalanstrich, wie wir erfahren. Seit Mitte der neunziger Jahre finden jährlich das Krippenspiel, Musik in der Dorfkirche und zu besonderen Anlässen auch Ausstellungen statt.

Klosterdorf durchqueren wir geradeaus und machen im Ortskern rechterhand eine kleine Rast in der Holzofenbäckerei. Sie bietet selbstgebackenes Biobrot, Bioprodukte, Kaffee oder auch kleine warme Mahlzeiten zur Stärkung. Nun machen wir uns auf in Richtung Strausberg. Wir kommen auf unserem Weg an ein Flughafengelände, das wir überqueren müssen. Hier holt uns für einen Moment die Gegenwart auf unserer mittelalterlichen Reise wieder ein. Erst als wir uns, auf der anderen Seite des Flughafengeländes angelangt, der Strausberger Altstadt und der St. Marienkirche nähern, wandern wir wieder in vertrauter Atmosphäre. Die Dorfkirche von Klosterdorf ist nicht offen.

Auf einem Waldweg bei Strausberg.

Gastronomie

Holzofenbäckerei Klosterdorfer Drachenbrot – Öko Lea

Hohensteiner Weg 3, 15345 Klosterdorf

☎ 03341/359 39 55

🖥 www.drachenbrot.de

Die Teilstrecke von Strausberg nach Bernau beträgt ca. 35 Kilometer und führt den Pilger durch die Orte Wesendahl, Werneuchen und Börnicke nach Bernau. Dabei erleben wir eine Natur belassene Landschaft, geprägt von Seen, Wald- und Feldwegen und bestückt mit vielen Sehenswürdigkeiten. Auch wer sportlich aktiv ist, sollte diese Strecke nicht an einem Tag bewältigen, da man unterwegs auf vielerlei Attraktionen stößt, für die man sich Zeit nehmen sollte.

Strausberg

Mit Strausberg betreten wir die »grüne Stadt am See«, die im Landkreis Märkisch-Oderland nordöstlich von Berlin liegt. Geprägt ist sie durch die Seen und Wälder des Landschaftsschutzgebietes, das sie umschließt. Die Geschichte der Stadt reicht zurück in die Zeit der Ansiedlung slawischer Stämme im 6. und 7. Jahrhundert. Diese Stämme gründeten in ihrem Gebiet der Sprewanen die ersten Siedlungen auf dem Landabschnitt, der heute Strausberg heißt. Gegen Ende des 12. Jahrhunderts drängten verschiedene Fürsten in das Siedlungsgebiet der Sprewanen, um ihren Machtbereich zu erweitern. Schließlich gelang es dem wettinischen Markgrafen der Lausitz, dieses Gebiet zu erobern.

In den folgenden Jahrzehnten wurde das gewonnene Land mit deutschen und sorbischen Bauern besiedelt. Das Gebiet erhielt den Namen »Barnem«. Somit waren die vorstädtischen Ansiedlungen ein Ergebnis der Expansion der Wettiner im 13. Jahrhundert. Damals errichtete dieses Fürstengeschlecht die markgräfliche Burg »Struzberg« auf der höchsten Stelle über dem Strausee. Nach weiteren Machtstreitigkeiten fiel die Landschaft an die Markgrafen von Brandenburg (Otto III., Johann I.). Das damalige »Struzberg« (erst später entwickelte

Die St. Marienkirche in Strausberg.

sich der Name zum heutigen »Strausberg«) erhielt noch vor 1247 das Stadtrecht, da bereits fünf Jahre später Dominikanermönche ihr Kloster auf dem Burggelände errichteten.

Was im 13. Jahrhundert mit einer markgräflichen Burg begonnen wurde, entwickelte sich bald von einem Marktflecken zu einer mittelalterlichen Stadt. In ihr lebten unter anderen Ackerbürger, Händler, Handwerker, Tuch- und Schuhmacher sowie Ratsherrn.

Wie wir erfahren, wurde die Burg jedoch bald im Zuge von Eroberungen zerstört. Kriege suchten die Stadt oft heim. Deshalb erfreuen wir uns an den mittelalterlichen erhaltenen Resten von Strausberg umso mehr. Einige Abschnitte der alten Stadtmauer sind noch erhalten. Vermutlich ist der Bau der Stadtmauer, mit einer Länge von 1.600 Metern und sechs Metern Höhe, in der Mitte des 13. Jahrhunderts begonnen worden. Auch in diese Mauer sollen einmal 24 »Wiekhäuser« (Wachhäuser) eingebaut worden sein, die der Verteidigung dienten. Heute sind noch zwei »Wiekhäuser« an der südlichen Seeseite erhalten.

Die Eroberung durch die Hussiten im Jahr 1432 war dann für lange Zeit das letzte Kriegsereignis, das schwere Schäden hinterließ.

Auf unserer Wanderung bildet Strausberg das Tor zum Barnim, dem »Gebirgszug« zwischen Oranienburg und Müncheberg. Doch eine Berglandschaft erwarten wir nicht, als wir von maximalen Höhen von ca. 150 Metern lesen.

Die Altstadt mit ihren Kopfsteinpflasterstraßen leitet uns zur St. Marienkirche. Der Bau der romanischen, später gotisch überformten Marienkirche begann zwischen 1230 und 1250. Wir betreten die Feldsteinbasilika und kommen in einen langen und geraden Chor. Die Basilika ist eine der wenigen noch erhaltenen Feldsteinbasiliken aus der Zeit der Markgrafen Johann I. und Otto III. Im Inneren des ursprünglich flach gedeckten Langhauses sehen wir ein Gewölbe, das Mitte des 15. Jahrhunderts eingesetzt wurde. Auch die Fenster in der Form der Rundbogen erhielten zu dieser Zeit Spitzbögen. Der ursprünglich gedrungene Querturm wurde im 15. Jahrhundert erhöht. Vom Turm der St. Marienkirche überblicken wir nicht nur die Stadt, sondern sehen auch die wahre Größe des Straussees, eines der größten Seen der Region.

Den Straussee wollen wir mit der Fähre auf unserem Weg nach Wesendahl überqueren. Die Anlegestelle befindet sich nicht weit von der St. Marienkirche am Altstadtufer.

Fährzeiten
Die Fähre fährt vom 1. April bis 31. Oktober täglich, außerhalb der Saison nur an Feiertagen und am Wochenende. Weitere Informationen erhalten Sie unter 0331/225 65.

Die Kirchen von Strausberg
Stadtpfarrkirche St. Marien (Offene Kirche)
Predigerstraße 2, 15344 Strausberg
🕐 Mo. – Fr. 9 – 12 Uhr, mittwochs geschlossen, Do. 14 – 17 Uhr
☎ 03341/21 55 41

Katholische Kirche St. Joseph
Weinbergstraße 13, 15344 Strausberg, Kontakt über katholisches
Pfarramt Petershagen, Elbestraße 26–47, 15370 Petershagen
☎ 033439/794 47

Unterkunft und Gastronomie
Herberge Alter Speicher
Prötzeler Chaussee 7, 15344 Strausberg
☎ 03341/31 20 50
🖥 www.alterspeicher.de

Am Fischerkietz
Am Fischerkietz 6, 15344 Strausberg
☎ 03341/49 79 00, 🖨 03341/49 79 01
✉ mail@restaurant-fischerkietz.de
🖥 www.restaurant-fischerkietz.de

Anbindung
🚆 S5 von Berlin, 🚗 A10 und B1/B5

Auf der anderen Seite des Straussees angelangt, gehen wir noch ein Stück am Ufer rechts entlang und bestaunen ein letztes Mal die St. Marienkirche, bevor wir in den Wald eintreten. Durch den Wald gelangen wir über weiche Wege zur Wesendahler Mühle. Sie ist eine willkommene Oase, in der die Wanderer mit Getränken und Speisen versorgt werden. Übrigens ist die Wesendahler Mühle eine der ältesten, noch existierenden und funktionierenden Wassermühlen des Landes Brandenburg. Sie wird mit einem alten, instand gehaltenen Wasserrad betrieben. Nach ungefähr acht Kilometern über verwunschene Waldwege kommen wir in Wesendahl an. Hier bietet sich eine gute Übernachtungsalternative zu Strausberg.

Teilstück der mittelalterlichen Stadtmauer in Strausberg.

Von Strausberg nach Bernau

ca. 35 Kilometer

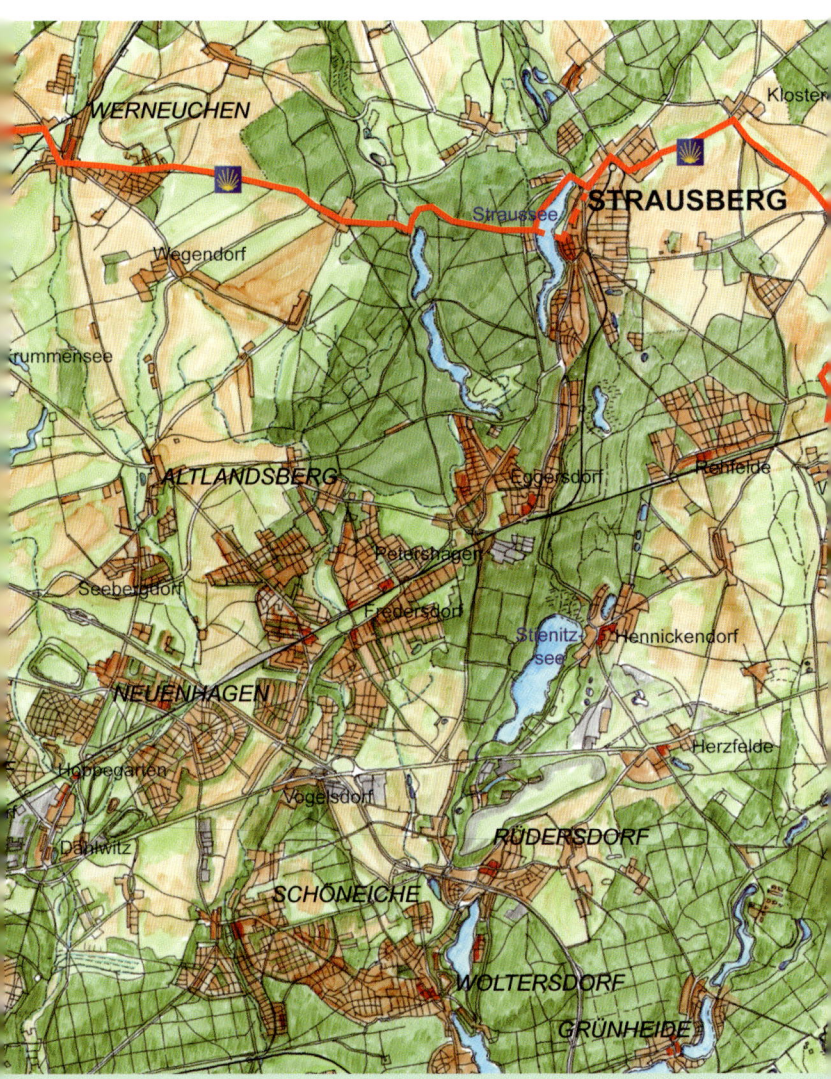

Nach Wesendahl gelangen wir über den Camargue-Pferdehof. Schon von weitem sehen wir die weißen Camargue-Pferde auf den Weiden. Diese Pferde leben heute noch als alte Rasse halbwild in Frankreich.

Wesendahl wurde bereits um 1300 erstmals urkundlich erwähnt und gehört zu den ältesten Siedlungen in dieser Region. Die spätromanische Feldsteinkirche wurde im 13. Jahrhundert erbaut und erhielt ihre Glocke in der Mitte dieses Jahrhunderts. Der deutliche Wechsel der Mauertechnik des Turmobergeschosses zeigt uns eine jüngere Entstehungszeit. Das Glockengeschoss mit seinen Backsteinen stammt aus dem 15./16. Jahrhundert. Es beherbergt im Inneren eine Jahrhunderte alte Glocke aus der zweiten Hälfte des 13. Jahrhunderts.

Der Name des Ortes wurde häufig verändert. Wesendale wurde im 17. Jahrhundert Wiesenthal und in der Neuzeit zu Wesendahl. Heute hat Wesendahl ca. 356 Einwohner und ist durch die Camargue-Höfe und deren Obstanbau geprägt.

Die Wesendahler Mühle zwischen Strausberg und Wesendahl.

Die Dorfkirche in Wesendahl.

Von der Kirche kommend laufen wir weiter auf der Hauptstraße nach rechts, in Richtung Werneuchen. Wir bleiben nur kurz auf diesem Weg und führen unsere Wanderung nach dem Ortsausgang geradeaus auf der Strecke fort. Zunächst ist die Straße asphaltiert, doch nach einiger Zeit ändert sich die Beschaffenheit des Weges in einen weichen Waldweg. Dieser endet nach ca. drei Kilometern vor der Siedlung Rudolfshöhe zu Werneuchen.

Die Kirche von Wesendahl
Dorfkirche (Offene Kirche)
Berliner Straße 16
Ein Besuch ist möglich nach Absprache mit dem
Pfarramt Altlandsberg
☎ 033438/602 10

Unterkunft
Camargue-Hof Wesendahl
BB Brandenburger Obst GmbH
Dorfstraße 37, 15345 Altlandsberg/ OT Wesendahl
☎ 03341/31 40 41
✉ info@bb-obst.com

Gastronomie
Zur Pferdeschenke
BB Brandenburger Obst GmbH
Am Park 1, 15345 Altlandsberg/OT Wesendahl
🕐 Fr. und Sa. 11 – 22 Uhr, So. und ab Feiertagen 10 – 20 Uhr
   Winterpause von Mitte November bis Mitte März
☎ 03341/31 40 40 oder 49 87 70, 🖨 03341/498 77 49
✉ info@bb-obst.com

Werneuchen

In Werneuchen angekommen, müssen wir uns ein wenig orientieren. Auch hier wollen wir zunächst die Dorfkirche besuchen und müssen dem Klang der Glocken folgen. Der Ort wurde erstmals im 13. Jahr-

Liebe Leserin, lieber Leser,

wir freuen uns über Ihr Interesse an unserem Verlagsprogramm. Auch in Zukunft möchten wir Sie gern **kostenlos** über wichtige Themen informieren (per Post und E-Mail). Deshalb bitten wir Sie, diese Karte ausgefüllt an uns zurückzusenden.

Als Dank für Ihre Mitarbeit verlosen wir unter den Einsendern pro Monat ein Buch aus unserem Programm, das Ihren Interessen entspricht. (Der Rechtsweg ist ausgeschlossen)

Diese Karte habe ich folgendem Buch entnommen:

Ich interessiere mich für:

- [ ] Zeitgeschichte
- [ ] Geschichte
- [ ] Biografien
- [ ] Berlin
- [ ] Brandenburg
- [ ] Sachsen
- [ ] Belletristik
- [ ] Japan Edition
- [ ] Krimis
- [ ] Wissenschaft

Aufmerksam wurde ich auf das Buch durch:

- [ ]

EXTRA-GEWINNCHANCE!
Besuchen Sie unsere Website
www.bebraverlag.de
und gewinnen Sie weitere attraktive Preise.

be.bra verlag
edition q / berlin edition

www.bebraverlag.de

Absender

Name Vorname

Straße

PLZ/Ort

E-Mail

Alter Beruf

Tel.: 030 / 440 23 810 Fax: 030 / 440 23 819 post@bebraverlag.de

Bitte als

Postkarte

freimachen

Antwort

be.bra verlag GmbH
– Kundenbetreuung –
KulturBrauerei Haus S
Schönhauser Allee 37

D-10435 Berlin

Die neugotische Stadtpfarrkirche St. Michael in Werneuchen.

hundert urkundlich erwähnt. Die Dorfkirche wurde im 14. Jahrhundert erbaut und ist heute noch zu besichtigen. Während des Dreißigjährigen Krieges setzten durchziehende Soldaten die Stadt im Jahre 1637 in Brand. Danach wurde Werneuchen neu aufgebaut, weshalb von den mittelalterlichen Spuren nicht viel erhalten ist. In Werneuchen besuchen wir daher die neugotische Stadtkirche St. Michael.

Die **evangelische Stadtpfarrkirche** wurde 1873/74 von Thiem und Milde als großer neugotischer Backsteinbau mit quadratischem Westturm errichtet. Dabei wurde eine Feldsteinkirche aus dem 13. Jahrhundert als eingezogener Rechteckchor wieder verwendet. In der Ostwand des Chors sind die ursprünglich vermauerten Lanzettfenster zu sehen. Im Inneren des Baus befindet sich seit der Restaurierung von 1958/59 eine Holzdecke. In der gleichen Zeit entfernte man die Abschrankung des Chors durch Holzwände mit Spitzbogenblenden. Dadurch wurde der Blick frei auf das erhaltene zweijochige Netzgewölbe aus dem 16. Jahrhundert.

In Werneuchen machen wir uns nun auf den Weg nach Börnicke. Von der Kirche kommend biegen wir rechts in die Hauptstraße ein, durch die, kurz vor dem Ortsausgang unsere Wanderung rechts auf einen Pfad geleitet wird. Nur wenige Meter weiter, die letzten Wohnhäuser hinter uns lassend, befinden wir uns in einer Landschaft aus Feldern, Wiesen und Bächen.

Börnicke

Der Ort Börnicke ist die letzte Station vor Bernau. Das Angerdorf wird zum ersten Mal um 1300 in den Urkundenbüchern vermerkt. Beeindruckt sind wir sofort vom Backsteinstil, der ganz Börnicke prägt. Hierzu zählen neben dem Herrenhaus auch einige Bauernhöfe und die Kirche. Die Baumalleen komplettieren das Bild eines idyllischen Ortes in unmittelbarer Nähe zu Berlin.

Die Dorfkirche ist ein frühgotischer Saalbau aus Feldstein und stammt aus dem 13. Jahrhundert. Auch hier wurden im Laufe der Zeit Umbauten vorgenommen. Im Jahr 1785 baute man den Dachraum der Kirche zum Kornschüttboden um und versah ihn mit einer Aufzugswinde. Eine multifunktionale Nutzung des Kirchenraums war damals nicht ungewöhnlich. Im Inneren fällt sofort die Kirchenältestenbank ins Auge. Die aus Holz gefertigte Bank stammt aus dem 17. Jahrhun-

Die Feldsteinkirche von Börnicke.

dert und zeigt in den Rundbogenfeldern der Rückwand die gemalten Halbfiguren der zwölf Apostel. Des Weiteren besitzt die Kirche zwei Gemälde aus dem 15. Jahrhundert, die den Heiligen Hieronymus mit dem Löwen und Erasmus darstellen. Bei einem Gang um die Kirche stoßen wir an der Südwand des Turmes über zwei Grabsteine für Ernst und Marie von Mendelssohn-Bartholdy. Marie verstarb 1906, ihr Mann folgte ihr im Jahr 1909. Die Grabsteine tragen einen Reliefschmuck sowie das Familienwappen der Mendelssohn-Bartholdys und sind geschützt durch eine Feldsteinmauer.

Über die Dorfkirche machen wir einen Abstecher zum Kultur-Gut-Speicher, in dem wir eine Ausstellung besuchen. Von dort aus werden wir über das Gutsgelände, an dem ehemaligen Herrenhaus vorbei, nach Bernau geleitet.

Das westlich der Kirche gelegene ehemalige **Herrenhaus** ist ein repräsentativer Putzbau mit Mansardendach. Es wurde 1910 von dem Berliner Architekten Bruno Paul unter Einbeziehung eines spätklassizistischen Vorgängerbaus für Paul von Mendelssohn-Bartholdy errichtet. Es handelt sich um einen strengen, neubarocken Bau. Seine Fassade besitzt tief gezogene, französische Fenster und feine geradlinige Brüstungs- und Balkongeländer.

Die Kirche von Börnicke
Dorfkirche (nicht offen)
Führungen durch die Kirche werden an jedem ersten Sonntag im Monat nach dem Gottesdienst (von 10 – 12 Uhr) angeboten. In der übrigen Zeit sind Führungen nach telefonischer Vereinbarung unter (Familie Braun) 03338/76 00 52 oder (Frau Euler) 03338/75 71 13 möglich.

Unterkunft und Gastronomie
Landhaus Börnicke
Grünfelder Straße 15, 14641 Börnicke
🕐 täglich von 10 – 22 Uhr
   (im Januar und Februar ist montags Ruhetag)
☎ 033230/ 51 306, 🖷 033230/ 51 498
📧 landhaus-boernicke@t-online.de
🖥 www.landhausboernicke.de

Sonstiges
Schloss und Gutshof Börnicke
Ernst-Thälmann-Straße 1, 16321 Börnicke
Telefon: 03338/708 59 15
🖥 www.schloss-boernicke.de

KulturGut-Speicher – Gutshof Börnicke
Ernst-Thälmann-Straße, 16321 Börnicke
☎ 03338/76 00 18

Bernau

Die Stadt Bernau liegt etwa zehn Kilometer nordöstlich von Berlin im Landkreis Barnim. Hier entspringt die Panke, die in die Spree mündet. Im Norden schließen der Barnim und das wald- und seenreiche Biosphärenreservat Schorfheide an.

     Die Stadt Bernau wurde 1286 als civitas bezeugt. Der älteste Siedlungskern entstand vermutlich schon um 1200 als vorstädtischer Marktort an einer Heer- und Handelsstraße, die den Barnim von Span-

Ansicht in Bernau.

dau und später von Berlin kommend erschloss. Auf Grund der Nähe zu Berlin blieb die Entwicklung der Stadt ab dem ausgehenden Mittelalter bescheiden. Die wichtigsten Gewerbe vom 14. bis zum 16. Jahrhundert waren die Bierbrauerei, der Bierhandel und das wachsende Tuchmachergewerbe. Aus dieser Zeit stammt auch das außerhalb der Stadtmauern gelegene St. Georgen-Hospital. 1339 gründeten reiche Tuchmacher und Wollweber diese Stiftung, um bedürftigen Bernauer Bürgerinnen und Bürgern ein Zuhause zu geben. Dieses Hospital könnte auch eine Station für durchreisende kranke oder geschwächte Pilger gewesen sein. Ein Teil des alten Stadtkerns wurde in den Stadtbränden zwischen 1406 und 1845 zerstört. So zum Beispiel 1483 der halbe Gebäudebestand innerhalb der Wehrmauer und das Rathaus. Der Dreißigjährige Krieg und die Pest ließen Bernau verarmen und veröden. Erneuten Aufschwung erfuhr die Stadt erst 1842 mit der Anbindung an die Eisenbahnstrecke Berlin-Eberswalde. Der gewerbliche Aufschwung

An einem Teich in Bernau.

Bernaus wurde zudem durch die erste elektrische Stadtbahn mit der Verbindungsstrecke nach Berlin gefördert. Heute ist Bernau ein beliebtes Ausflugsziel und ein Wohnort für großstadtmüde Berliner.

Das bedeutendste Bauwerk der Stadt und unser nächstes Ziel ist die spätgotische Backsteinhallenkirche St. Marien. Sie blieb von den Stadtbränden verschont und ist eine der besterhaltenen und kulturhistorisch bedeutsamsten Stadtkirchen im Land Brandenburg. Ursprünglich als schlichte Feldsteinkirche geplant, erhielt sie ihr heutiges Aussehen durch Neu- und Umbauten im 15. und 16. Jahrhundert sowie durch den erst 1846 ersatzweise für den alten Doppelturm angefügten Turm. Ein besonderer Kunstschatz der Kirche ist der Hochaltar. Dieser gotische, hölzerne Flügelaltar stammt aus der katholischen Zeit der Kirche.

Das Holz des Hochaltars wurde um ca. 1520 verarbeitet. Der Altar ist einer der bedeutendsten spätgotischen Altäre der Mark Brandenburg. Mit vier inneren beweglichen und zwei äußeren feststehenden Flügeln sowie einem bekrönendem Gesprenge gehört er darüber hinaus auch zu den schönsten Altären des Landes. Die szenischen Malereien auf den Flügel und der Predella stammen aus dem Umkreis Lucas Cranachs d. Ä. Die sechs Flügel beeindrucken mit Bildern aus dem Marienleben und der Kindheit Jesu. Betrachtet man die Mitte des Altars näher, sind die Abbildungen aus der Leidensgeschichte Christi zu erkennen. Wir erfahren, dass der Altar in geschlossenem Zustand 32 Wunderszenen und Martyrien verschiedener Heiliger zeigt. Die Mitte des Altars schmücken, neben der Marienkrönung, große Heiligenfiguren des Heiligen Laurentius, Nikolaus, Johannes des Täufers und Constantius.

Aus der älteren Kirche sind ebenfalls einige Stücke erhalten, unter anderen das Sakramentenhaus von 1485, das Sandsteinrelief »Christus in Gethsemane« (um 1425) und das Triumphkreuz mit Maria und Johannes auf dem Balken zwischen Langhaus und Chor. Dieses Triumphkreuz weist eine Besonderheit auf: Seitlich auf dem Balken, neben den beinahe lebensgroßen Skulpturen von Maria und Johannes, steht eine kleinere Figur. Die Muschel in deren Hand weist nachdrücklich darauf hin, dass es sich nicht, wie überliefert, um einen Schäfer handelt,

Das Tor der St. Marienkirche in Bernau.

sondern um Jakobus den Älteren. Diese Figur ist ein Hinweis darauf, dass der Heilige Jakobus auch in Bernau eine besondere Rolle gespielt haben muss und dass die Bevölkerung in ihm den Schutzheiligen während des Hussitenangriffs gesehen haben könnte.

So wie wir hoch auf die kleine Jakobusfigur blicken, schauen wir auch auf eine erlebnisreiche Route zurück. Der Weg führte uns vom Jakobus am Nordportal in Frankfurt (Oder) auf historischen Spuren der Jakobswege bis in diese St. Marienkirche. Doch für viele Pilger ist der Weg auf dem europäischen Wegenetz hier noch nicht beendet.

In einer breiten Wandnische über der Tür zum Südanbau der St. Marien Kirche befindet sich eine **Geißelsäule** vom Beginn des 16. Jahrhunderts. Zwar ist das Wandbild nur fragmentarisch erhalten, doch Christus lässt sich als Mittelfigur an der Säule erkennen. Auf der rechten Seite sehen wir eine kniende Gestalt in Renaissanceschaube mit dem Rosenkranz. Auf der linken Seite befindet sich ebenfalls eine kniende Gestalt. Es handelt sich um ein vor allem in Nordeuropa bekanntes Mahnbild aus dem späten Mittelalter: »Das gute und das schlechte Gebet«. Dem als Pilger, Mönch oder Geistlichen dargestellten guten Beter ist der schlechte gegenübergestellt als modisch gekleideter Stutzer, dessen Gedanken auf die irdischen Güter gerichtet sind, die mit Lastern gleichzusetzen sind: der hier sichtbare Geldkasten symbolisiert den Geiz.

Das ortsansässige Heimatmuseum informiert über die Geschichte der Stadt. Es ist in zwei Abteilungen, am Steintor und im Henkerhaus, untergebracht. Das Steintor ist das einzige noch erhaltene Stadttor. Direkt an der Stadtmauer liegt das Henkerhaus, das ehemalige Wohnhaus des Scharfrichters der Stadt. Die mittelalterliche Stadtmauer ist noch fast in ganzer Länge erhalten und ihre Mauerdicke liegt zwischen 1,3 und 1,5 Metern. Die Stadtmauer war mit Wehr- und Rundtürmen sowie mit drei Stadttoren ausgestattet.

Lohnenswert ist auch ein Besuch des klassizistischen Rathauses am Marktplatz und des St. Georgen-Hospitals mit seiner spätgotischen Hospitalkapelle. Hier ist eine bis heute existierende Stiftung der reichen Tuchmachergilde aus dem Jahr 1328 untergebracht. Das Ge-

Nebel über einem Feld bei Bernau.

bäude wurde von den Hussiten niedergebrannt und im 15. Jahrhundert wieder aufgebaut.

Mit Bernau endet vorerst die nördliche Strecke des Jakobsweges in Ostbrandenburg. Hier bieten sich Möglichkeiten, um mit den öffentlichen Verkehrsmitteln den Süden Berlins zu erreichen.

Besonders das **Bernauer Schwarzbier** machte die Stadt im Mittelalter über die Mark Brandenburg hinaus bekannt. Insgesamt 146 Brauhäuser und 326 Hausstellen brauten den schmackhaften Gerstensaft. Wie eine Sage erzählt, wurde das Bernauer Bier als ein »männerbezwingender Starktrunk« oder »Ehrentrunk« gereicht. Der Sagenforscher Wilhelm Schwartz berichtet auch von der **Bernauer Bierprobe**: »Sobald es geprüft werden sollte, wurde nämlich auf dem Ratssaal etwas davon über die großen gepolsterten Stühle gegossen. Wenn nun die Ratsherren sich hinsetzten und mit ihren ledernen Büxen so fest saßen, daß sie beim Aufstehen den Stuhl mit in die Höhe zogen, dann galt es als stark genug und probehaltig und durfte verzapft und ausgeführt werden, sonst nicht.«

Ab Bernau hat der Pilger viele Möglichkeiten, um seine Reise nach Santiago de Compostela fortzusetzen. Er kann an die westlichen Routen der Jakobspilger Anschluss finden, indem er über Magdeburg nach Paderborn weiter zu den heiligen Wallfahrtsorten Köln und Aachen wandert. Ab dort findet er sogar Anschluss nach Paris! In der französischen Hauptstadt kann er weiter zu den Jakobswegen in Südfrankreich gelangen.

Der Pilger kann auch über Oranienburg zum nördlich von Berlin gelegenen Wallfahrtsort Wilsnack pilgern, wo er auf die Jakobswege aus Mecklenburg-Vorpommern trifft.

Die Kirchen von Bernau

St. Marienkirche (Offene Kirche)
Kirchplatz 8, 16123 Bernau
🕐 Von Ostern bis Ende der Herbstferien täglich von 14 – 16 Uhr
☎ 03338/702 20
🖷 03338/70 22 19

Herz-Jesu-Kirche (Offene Kirche)
Bahnhofstraße, Besichtigung nach Voranmeldung im Pfarramt
Börnicker Straße 12, 16321 Bernau
☎ 03338/22 09

Unterkunft

Gästehaus Waldsiedlung Wandlitz
Brandenburgallee 1, 16321 Bernau Waldsiedlung
☎ 033397/345 00
🖷 033397/346 00
🖵 www.tourismusverein-naturpark-barnim.de
✉ gaestehaus@michelshotels.de

Landgasthaus Helenenau
Helenenauer Weg 3, 16321 Bernau
☎ 03338/76 94 12
🖷 03338/70 34 35
✉ daniela.prang@email.de
🖵 www.landgasthaus-helenenau.de

Gastronomie

Hotel & Gasthof Zum Zickenschulze
Brauerstraße 2, 16321 Bernau
🖥 03338/70 45 80, 🖨 03338/70 45 89
🖃 info@hotel-bernau.de, 🖥 www.hotel-bernau.de

Mittelaltergasthaus Haggis
Fritz-Heckert-Straße 26, 16321 Bernau
☎ 03338/91 66 65
🖃 discovery@web.de, 🖥 www.mittelaltergasthaus.de

Gaststätte Waldkater
Wandlitzer Chaussee 10, 16321 Bernau
🕐 Fr. – Di. ab 11.30 Uhr
☎ 03338/57 64, 🖨 03338/456 78
🖃 grahl@waldkater.de, 🖥 www.waldkater.de

Anbindung
🚉 RE 3, RB 60, S3 von Berlin
🚗 A 1, A 11, B 2

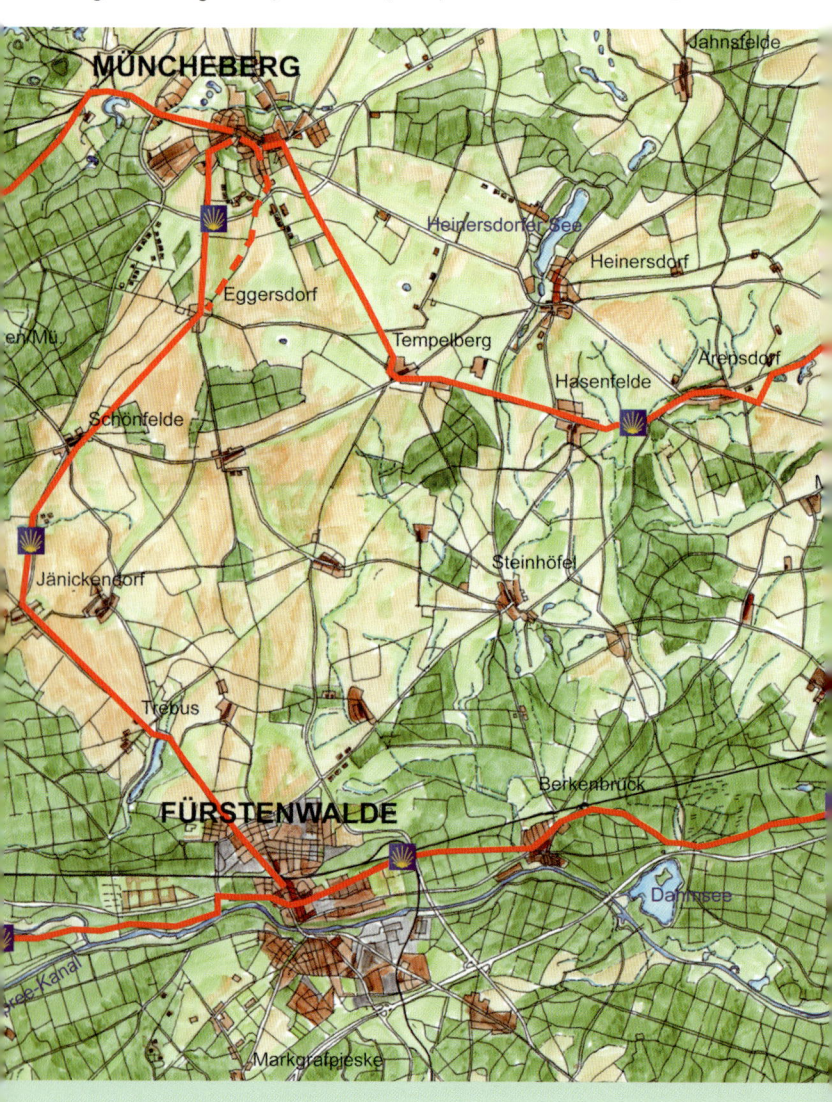

Von Frankfurt (Oder) nach Fürstenwalde

ca. 35 Kilometer

Frankfurt (Oder)

Wir verlassen Frankfurt (Oder) über einen ruhigen, grünen Weg durch Alleen, Felder und Obstgärten, der uns zum Näpfchenstein und zum Kanzelstein führt. Manche erzählen, dass diese Steine von christlichen Pilgern als Predigerstätte genutzt und entlang des Pilgerweges aufgestellt worden seien, da sie von Osten nach Westen in einer Linie verlaufen.

Die nächsten Stationen sind Pagram und der fünf Kilometer entfernt liegende Ort Pillgram. In diese Orte gelangen wir auf einer einladenden Baumallee inmitten weiter Felder.

Alternativ dazu kann man mit dem Bus oder dem Regionalexpress nach Frankfurt/Rosengarten fahren und von dort in Richtung Pagram auf dem späteren ausgeschilderten Weg laufen.

Pagram

Pagram ist unser erster Ort auf dem Weg in westlicher Richtung nach Erkner. Damals Reisende müssen einen kleinen Bachlauf erblickt haben, an dessen Ufern der Ort im frühen 13. Jahrhundert entstanden

ist. Die Nähe zum Wasser und die für den Handel vorteilhafte Lage an der Ost-West-Verbindungsstrecke waren dafür sicherlich ausschlaggebend. Die Strecke führte von Posen über Frankfurt, wo sie die Oder überquerte, nach Magdeburg.

Als 1432 das Bistum Lebus von den Hussiten überfallen wurde, blieb auch Pagram nicht verschont. Es konnte sich leider nicht von Bränden und den Raubzügen der Hussiten erholen und verödete im letzten Drittel des 15. Jahrhunderts. Pagram ist heute ein kleiner, ländlicher Ortsteil von Frankfurt. Interessant wurde er besonders durch die Ausgrabungen an der mittelalterlichen Siedlung. Dieses ehemalige mittelalterliche Dorf erstreckte sich ca. 500 Meter zu beiden Seiten eines kleinen Bachlaufes.

Die Dorfkirche von Pagram ist nicht offen.

Gastronomie und Unterkunft
Landhotel Pagram
Bodenreformstraße 21, 15234 Frankfurt (Oder) OT Pagram
☎ 0335/41 30 00
🖷 0335/413 00 35
🖾 landhotel-pagram@t-online.de
🖳 www.landhotel-pagram.de

Pillgram

Von einer Eichenallee kommend, biegen wir rechts in die 1,5 Kilometer entfernte Ortschaft Pillgram ein. Der Ort ist vermutlich – ähnlich wie Pagram – durch die Verlegung der Handelswege auf eine südlichere Achse von Müncheberg über Frankfurt nach Posen entstanden. Entlang dieser Strecke kam es zu einigen Gründungen neuer Siedlungen. Der Name des Ortes lässt uns aufhorchen. Wir erfahren, dass er auf den Gründer des Dorfes, Heinriche Pilgerinne, zurück geht. Pillgram wurde im Jahr 1319 erstmals urkundlich erwähnt. Etwa 100 Jahre später wurde das Dorf unter dem Namen Pylgerim, beziehungsweise Pillegrim verzeichnet. Es wird angenommen, dass diese Bezeichnungen aus dem Slawischen stammen und sich mit »Ort bei einem Gebüsch« übersetzen lassen.

Die Dorfkirche in Pillgram.

Auf unserem Weg in Richtung Fürstenwalde (Spree) besuchen wir die kleine weiße Kirche des Ortes. Sie ist im Kern ein rechteckiger Feldsteinquaderbau und entstand vermutlich im 13. oder 14. Jahrhundert. Im 18. Jahrhundert wurde die Kirche restauriert und erhielt einen hölzernen Dachreiter. Auch die Form der Fenster wurde verändert. Aus dieser Zeit stammt die weiße Verputzung. Im Inneren der Kirche an der Südwand befindet sich ein vermauertes spitzbogiges Stufenportal. An der äußeren Wand des Kirchenbaus entdecken wir besondere Informationstafeln. Diese Tafeln weisen schon seit einigen Jahren auf den Weg nach Santiago de Compostela hin und in den Sommermonaten finden hier jährlich »Jakobswanderungen« von Pillgram nach Jacobsdorf statt.

Das Vorlaubenhaus des Ortes stammt aus dem Jahr 1559 und ist ein eingeschossiger Fachwerkbau. Das dazugehörige Gehöft ist einzigartig in seiner Art. Das Haus ist also über 400 Jahre alt und überstand die Kriege der Zeit. Ursprünglich gehörte ein Stall zu dieser Anlage, der sich an den Wohnteil anschloss. Er ist nicht mehr erhalten.

Pillgram bestand wahrscheinlich aus mehreren solcher Gehöfte. Interessant am Vorlaubenhaus ist auch die so genannte Schwarze Küche, die das Giebellaubenhaus besitzt.

Eine **Schwarze Küche** war früher der wichtigste Raum zwischen Wohnbereich und Stallungen. Die fensterlose verrußte Küche diente als Feuerstelle und Kochplatz und war in einem Gutsarbeiterhaus untergebracht. Wir erfahren, dass man bis zu Beginn des 18. Jahrhunderts in den ländlichen Wohnhäusern in Brandenburg auf offenen Feuerstellen kochte. Zunächst wurde das Feuer auf dem Ziegelboden gemacht, später wurde es in einen Kessel eingebaut. Die Küche diente damals parallel auch als Wärmespender, da sie an der Stubenseite einen verschließbaren Kamin besaß. Gleichzeitig sorgte sie für die Zimmerbeleuchtung und wurde als Räucherplatz genutzt. Die Küchendecke ist eine Art Gewölbe, das in eine Lehmglocke überging und als Abzug diente.

Die Kirche von Pillgram
Kirche und Vorlaubenhaus
🕐 täglich 10 – 18 Uhr geöffnet
Informationen über den Pilgerweg erhalten Sie auf Nachfrage bei der Kirchengemeinde Biegen-Jacobsdorf oder unter:
💻 www.kirche-biegen.de
💻 www.amt-odervorland.de
Die Dorfkirche von Pillgram ist nicht geöffnet.

Historische Aufnahme des Vorlaubenhauses in Pillgram von 1896.

Zur Besichtigung der Kirche (Kirchenschlüssel) kann auch bei der Küsterin Frau Strugala, Kirchstrasse 3 in Pillgram ein Termin vereinbart werden. ☎ 033608/32 62

Kontakt und weitere Informationen über das Evangelische Pfarramt, Pfarrer Althausen:

Hauptstraße 26, 15236 Jacobsdorf (Mark)

☎ 033608/290, 🖷 033608/492 29

🖅 pfarramt@kirche-biegen.de.

Gastronomie und Unterkunft

Gaststätte und Pension »Am Anger«

Kirchstraße 11, 15236 Pillgram

☎ 033608/492 55

Jacobsdorf (Mark)

Jacobsdorf ist 3,5 Kilometer von Pillgram entfernt. Eine historische Quelle für die direkte Herleitung des Namens von der Lage am Jakobsweg konnten wir nicht finden. Besonders wichtig ist uns eine Besichti-

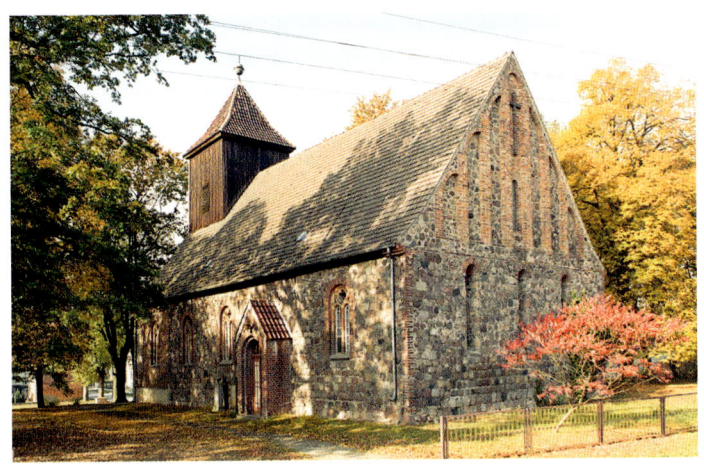
Die Feldsteinkirche in Jacobsdorf.

gung der Wehrkirche, die im Jahr 1280 erbaut wurde. Die evangelische Dorfkirche in der Schulgasse stammt aus dem 13. Jahrhundert und wurde im 19. Jahrhundert nach Westen verlängert. Damals erhielt sie einen an drei Seiten mit Brettern beschlagenen Dachturm und neue Fenster. Die Schäden, die der Zweite Weltkrieg hinterlassen hatte, konnten bereits 1949 ausgebessert werden. Aus dieser Zeit stammt auch der relativ junge Ostgiebel. Die Ritzglocke aus dem 13. bzw. 14. Jahrhundert ist erhalten geblieben und zeugt bis heute von den mittelalterlichen Zeiten. Bevor wir uns auf den Weg machen, besuchen wir das Goldene Fließ, das durch Jacobsdorf führt. Das alte Wörtchen Fließ beschreibt kleine Bäche, die natürliche Fließgewässer sind und an denen sich eine reiche Vielfalt von Flora und Fauna beobachten lässt.

Die Kirche von Jacobsdorf
Dorfkirche (nicht offen)
Zur Besichtigung der Kirche (Kirchenschlüssel) und weiterer Informationen Kontakt über das Evangelische Pfarramt, Pfarrer Althausen, Hauptstraße 26, 15236 Jacobsdorf (Mark)
☎ 033608/290, 🖷 033608/492 29
✉ pfarramt@kirche-biegen.de.

Briesen (Mark)

Von Jacobsdorf wandern wir auf dem alten Handelsweg durch Felder und Wiesen leitend, nach Briesen (Mark). Dieser Ort liegt ungefähr 5,5 Kilometer von Jacobsdorf entfernt. Der Ortsname Briesen stammt aus dem slawischen Wort für Birke (Berke, Brezem, Bryzinie) und bedeutete ursprünglich Birkendorf. Später nannte man das Gebiet die »große Heide«, denn im Einzugsgebiet der Spree befanden sich ausgedehnte Sümpfe, Moore und Heidelandschaften. In der Ortsmitte entdecken wir die Kirche. Sie ist jünger als die Dorfkirche von Jacobsdorf. Das Gebäude wurde als verputzter klassizistischer Saalbau mit quadratischem Westturm um 1835 anstelle des mittelalterlichen Vorgängers errichtet. Auch hier lohnt sich ein Blick in das Innere: der flach gedeckte Raum beherbergt eine kurze Hufeisenempore auf hölzernen Säulen und eine Sauer-Orgel. Diese Art von Orgel aus dem Hause Sauer fanden wir auch in Sieversdorf.

Briesen

Ludwig Kramer

Die Dorfkirche in Briesen.

Dem ausgeschilderten Fahrradweg von Briesen folgend, machen wir uns auf zu unserem nächsten Etappenziel – Berkenbrück. Der Weg führt uns durch ein Schatten spendendes Waldgebiet und am nahe gelegenen Dehmsee vorbei, der mit seinen romantischen Ufern zur Rast einlädt.

Die Kirche von Briesen (Mark)
Dorfkirche (nicht offen)
Bahnhofstraße 18, 15518 Briesen
Den Kirchenschlüssel erhalten Sie bei der Küsterin Frau Elgner
☎ 033607/50 27

Gastronomie
Bahnhofsgaststätte mit Imbiss
🕐 täglich von 9 bis 22 Uhr

Gasthaus Am Rehhagen
An der Kersdorfer Schleuse 11, 15518 Briesen (Mark)
☎ 033607/294

Gaststätte Zur Alten Mühle
Bahnhofstraße 9, 15518 Briesen (Mark)
☎ 033607/59 450

Unterkunft
Ferienwohnungen Zur Waldlichtung
Familie Langheim, Am Strüffel 1, 15518 Briesen (Mark)
☎ 033607/57 90, 🖨 033607/599 94, 📱 0172/945 32 29
💻 www.waldlichtung.de

Zimmervermietung Rossbach
Bahnhofstraße 35, 15518 Briesen (Mark)
☎ 033607/406

Zimmervermietung Martin Alter
Adresse: Karl-Marx-Straße 13, 15518 Briesen (Mark)
☎ 033607/50 88, 📱 0173/248 79 42

Residenz
Bahnhofstraße 9, 15518 Briesen (Mark)
📧 residenz@residenzbriesen.de

Berkenbrück

Nach einer Wanderung von ca. acht Kilometern erreichen wir Berkenbrück. Urkundlich wird das Dorf zum ersten Mal 1285 unter dem Namen »Birkenbrücke« in einer Grenzurkunde der Gemarkung Fürstenwalde (Spree) erwähnt. Zudem wird berichtet, dass durch Berkenbrück die alte Heer- und Handelsstraße von Berlin nach Frankfurt (Oder) führte.

Die evangelische Dorfkirche ist ein kleiner, rechteckig verputzter Saalbau und wurde 1832 im Rundbogenstil der Schinkel-Schule erbaut. Der quadratische Westturm wurde 1869/70 hinzugefügt.

Trotz des Baujahres der Kirche trägt sie eine Glocke von 1598. Diese Glocke wurde von dem Glockengießer Sebastian Preger aus Frankfurt gefertigt. Von ihm stammt auch die kleinere Glocke der Jacobsdorfer Kirche.

Langsam nähern wir uns dem Zwischenziel, um von dort den »grünen Teil« der Südroute zu bewandern. Von Berkenbrück folgen wir dem heutigen Europawanderweg in Richtung Fürstenwalde (Spree).

Kirchen
Dorfkirche (nicht offen)
Informationen über das Pfarramt Demnitz, Pfarrer Sprengel, Dorfstraße 13, 15518 Steinhöfel, OT Demnitz,
☎ 033636/236.

Gastronomie und Unterkunft
Bürgerhaus Spreetal – Pension & Restaurant
Dorfstraße 33, 15518 Berkenbrück
☎ 033634/691 69

Unterkunft in Alt Madlitz
Umgebung von Berkenbrück
Feriendorf Alt Madlitzer Mühle
Mühlenstraße 12, 15518 Alt Madlitz
☎ 033607/592 90
🖥 www.hotelfischerhaus.de

Fürstenwalde (Spree)

Mit Fürstenwalde (Spree) erreichen wir eine weitere Stadt im Berliner Urstromtal, das in diesem Abschnitt von der Spree durchflossen wird. Wie alle Stadtgründungen in dieser Lage, entstand auch Fürstenwalde an einer Engstelle, an der das Tal im Mittelalter relativ gut zu durchqueren war. Südlich der Stadt erheben sich die Rauener Berge und nördlich schließt sich die Grundmoränenfläche des Landes Lebus an.

Im Jahr 1272 wurde Fürstenwalde erstmals urkundlich erwähnt. Man vermutet aber, dass die Stadt bereits zwischen 1225 und

1250 gegründet wurde. Zu diesem Zeitpunkt war die Spree nicht mehr schiffbar, so dass die Waren auf dem Landweg bis zur Oder transportiert werden mussten. Fürstenwalde stieg rasch zu einer der wohlhabendsten Städte der Mark Brandenburg auf.

Man nimmt an, dass sich vor den Toren von Fürstenwalde ein Jacobispital befand, ähnlich wie in Frankfurt (Oder). Darüber hinaus wurde in Fürstenwalde bei Ausgrabungen eine Jakobsmuschel als Pilgerzeichen gefunden. Die Muschel stammt aus einer im 15. oder im 16. Jahrhundert zugeschütteten Grube. Ein weiterer Hinweis auf die durch Fürstenwalde ziehenden Pilger findet sich in einer Chronik von Dr. Golz aus dem Jahre 1837: »In dieser Zeit befand sich in Fürstenwalde eine kleine, dem heiligen Apostel Jacobus geweihte und nach ihm genannte Kirche, welche die hiesige Schützengilde vermutlich hatte erbauen lassen. [...] Es befanden sich in der Stadt Fürstenwalde zwei Kirchen; die Domkirche, und eine kleine Kirche zum heiligen Geist; vor der Stadt lag an einem Orte, der sich nicht mehr vermitteln lässt, die St. Jacobs-Capelle. Derselben wird noch im Jahr 1496 in einem Capitelregister gedacht; was später aus ihr geworden sein mag, ist durchaus unbekannt.«

Von 1662 bis 1669 wurde der Friedrich-Wilhelm-Kanal gebaut, um die Oder mit der Spree zu verbinden. Damit sank auch die Bedeutung Fürstenwaldes als Handels- und Warenumschlagplatz. Attraktiv blieb nur die Wasseranbindung der Stadt nach Berlin sowie zur Nord- und Ostsee. Durch den Bau der Spreemühlen 1837 und die dadurch anfallenden Gütermengen erlebte die Stadt erneut einen wirtschaftlichen Aufschwung. Sie wurde 1842 an eine der ersten deutschen Eisenbahnstrecken, von Berlin nach Frankfurt (Oder), angeschlossen.

Am Stadtgraben, der die Stadt über Jahrhunderte umgab, kann man Reste der umlaufenden Wehrmauer aus dem 14. und 15. Jahrhundert bestaunen. Erhalten ist außerdem der »Bullenturm« im Nordwesten Fürstenwaldes.

In der Stadt führt uns der Weg aber zunächst zum Dom St. Marien. Schon um 1230 stand an dem Ort, an dem sich der Dom heute befindet, eine Feldsteinkirche. Im Jahre 1373 wurde der Bischofssitz

Ansicht auf den Dom St. Marien in Fürstenwalde.

aus Lebus bis 1555 nach Fürstenwalde verlegt, weshalb die Kirche zum Dom erweitert und die Burg zur bischöflichen Residenz ausgebaut wurde. In der heute existierenden Form wurde der Dom um 1446 an Stelle einer Vorgängerkirche als spätgotische, dreischiffige Hallenkirche mit Umgangstor erbaut. Nach einem Brand des Turmes und dem Einsturz der Schiffsgewölbe im 18. Jahrhundert, wurde die Kirche im Inneren spätbarock umgestaltet. In diesem Zuge erhöhte man auch den Mittelturm der Westturmgruppe um 72 Meter!

    1945 war der Dom fast vollständig zerstört und erst 1995 fand nach umfassender Erneuerung die feierliche Wiedereinweihung statt. Im Inneren treten wir in einen imposanten Hallenraum, der durch die Verbindung von Chor und Langhaus sehr weit wirkt. Wir entdecken die frei tragende Dachkonstruktion aus Holz, die Ende des 20. Jahrhunderts eingebaut wurde. Wie wir erfahren, ist sie Nachfolgerin des ursprünglich spätgotischen Sternengewölbes. Im Westteil schauen wir

Das Alte Rathaus und der Dom St. Marien in Fürstenwalde.

auf eine verglaste Wandkonstruktion, die das dreigeschossige Gemeindezentrum beherbergt.

Reste einer alten Kirchenbibliothek und die Märkische Gutsbibliothek der Familie von Massow lassen sich in der Dombibliothek der alten Sakristei finden. Wie wir erfahren, wurde hier die Vorgängerkirche 1432 durch die Hussiten zerstört. Damals wurden viele Bücher vernichtet. Bei der Neukonstruktion des Domes ab 1446 wurde ein Bibliotheksraum auf die Gewölbedecke der alten Sakristei gesetzt.

Eines der ältesten Ausstattungstücke der Kirche ist das Sakramentshaus von Franz Maidburg. Es wurde 1517 von dem Bischof Dietrich von Bülow gestiftet. Das aus sächsischem Sandstein gefertigte Haus ist erhalten geblieben, da es, wie die Epitaphien, 1942 zum Schutz eingemauert wurde. Die Schutzheiligen des Domes sind die heilige Jungfrau Maria, Johannes der Täufer, Hedwig von Schlesien und

Adalbert von Gnesen. Hedwig von Schlesien weist im Speziellen auf die polnische Gründungsgeschichte des Bistums hin.

Das Bischofsschloss war ursprünglich Teil der mittelalterlichen Burganlage und wurde nach der Verlagerung des Bistums von Lebus nach Fürstenwalde als Sitz des Bischofs 1407 ausgebaut. Im 18. Jahrhundert wurde die Anlage bis auf die Nordflügel und das Brauhaus abgetragen. Die erhaltenen Teile wurden in die 1858 errichtete Schlossbrauerei einbezogen. Anfang des 20. Jahrhunderts wurde sie zur Margarinefabrik umgebaut. Wenn wir heute aus dem Dom treten, sehen wir die benachbarte Kulturfabrik, die sich in diesen Mauern nun befindet und diese interessante Baugeschichte erzählt. Sie wurde 1992 zum Denkmalbereich umgestaltet und es konnte ein Teilstück der inneren Burgmauer aus Feldstein des 15. Jahrhunderts freigelegt werden.

Sehenswert ist auch das Alte Rathaus am Marktplatz, ein spätgotischer Bau aus dem frühen 16. Jahrhundert. Sein Turm und der Ostgiebel wurden später im Stil der Renaissance hinzugefügt. Die Halle ist mit einem Sterngewölbe von 1511 ausgestattet. Ursprünglich befand sich hier eine Kaufhalle mit davor liegender offener Laube, die als Gerichtslaube genutzt wurde. Heute befinden sich hier der Festsaal, das Standesamt und die Kunstgalerie Altes Rathaus.

Südlich von Fürstenwalde liegen die **Rauener Berge**, eine fast mittelgebirgsähnliche Waldlandschaft mit Höhen von bis zu 153 Metern. Bekannt sind die Rauener Berge vor allem für die Markgrafensteine. Während der Eiszeit wurden mit dem Inlandeis aus Skandinavien große Gesteinsblöcke über Tausende von Kilometern bewegt. Einige dieser Granitblöcke wurden in den Rauener Bergen abgesetzt und bilden heute einen beliebten Ausflugspunkt für Besucher. Der Name Markgrafensteine leitet sich vom Markgrafen Johannes von Küstrin ab. In Nähe der Rauener Berge befindet sich der Scharmützelsee, der größte See Brandenburgs. An seiner Nordseite führt der im 18. und 19. Jahrhundert genutzte alte Postweg von Berlin über Erkner und Hangelsberg nach Frankfurt (Oder) entlang. Heute bietet er viele Wassersportmöglichkeiten. Am Scharmützelsee ist Bad Saarow gelegen, eines der beiden Heilbäder Ostbrandenburgs mit Kurbetrieb.

Die Kirchen von Fürstenwalde
Dom St. Marien (Offene Kirche)
Domplatz 10, 15517 Fürstenwalde (Spree)
🕐 tägl. 10 – 16 Uhr (November – Februar 10 – 15 Uhr) Anmeldung
für Gruppen im Pfarramt ☎ 03361/59 18 12, 🖨 03361/59 18 18
📧 dom@evki-fuewa.de, 🖥 www.kirche-fuerstenwalde.de

St. Johannes Baptist (Offene Kirche)
Besichtigung nach Voranmeldung im Katholischen Pfarramt
Pfarrer Dr. Javier Rico Aldare M. I. d.
Seilerplatz 2, 15517 Fürstenwalde (Spree)
☎ 03361/22 51, 🖨 03361/30 04 71
📧 info@st-johannes.org, 🖥 www.st-johannes.org

Gastronomie
Küstriner Wappen
Küstriner Straße 9, 15517 Fürstenwalde
🕐 Di. – Fr. 17 – 22 Uhr; Sa. 11 – 14 Uhr und 17 – 22; So. 11 – 17 Uhr
☎ 03361/322 20

Gaststätte Waldschlösschen
Spreenhagener Straße 4, 15517 Fürstenwalde
🕐 Mi. – Fr. 16 – 21 Uhr; Sa., So. und feiertags 12 – 21 Uhr
☎ 03361/36 80 88

Unterkunft
Pension Zur Hofschänke
Grenzstraße 22, 15517 Fürstenwalde
☎ 03361/576 16, 🖨 03361/737 68 35
📧 kpaprotny@web.de, 🖥 www.pension-paprotny.de

Hotel Kaiserhof & Restaurant Voltaire
Friedrich-Engels-Straße 1a, 15517 Fürstenwalde
🕐 Mo. – So. 6.30 – 23 Uhr
☎ 03361/55 00, 🖨 03361/55 01 75
📧 info@kaiserhof.de
🖥 www.kaiserhof.de

Turm der mittelalterlichen Stadtmauer in Fürstenwalde.

Blumenmeer und Windräder auf dem Weg nach Trebus.

Hotel-Pension Zillestübchen
Schloßstraße 26, 15517 Fürstenwalde
🕐 Mo. – So. 11 – 22 Uhr
☎ 03361/577 25, 🖷 03361/577 26

Haus am Spreebogen
Altstadt 27, 15517 Fürstenwalde
☎ 03361/59 63 40, 🖷 03361/596 34 14
📧 hausamspreebogen@aol.com
🖥 www.haus-am-spreebogen.de

Anbindung
🚆 RE 1 Magdeburg-Eisenhüttenstadt
🚗 A12/E30

In Fürstenwalde (Spree) kann sich der Pilger entscheiden, auf welcher der beiden Hauptstrecken er seinen Weg fortsetzen möchte. Wenn er sich für die Strecke nach Erkner entscheidet, wandert er weiter gen Westen nach Hangelsberg. Treibt ihn die Neugier jedoch in Richtung der Nordstrecke, dann kann er die Verbindungsstrecke von ca. 22 Kilometern von Fürstenwalde (Spree) nach Müncheberg wählen.

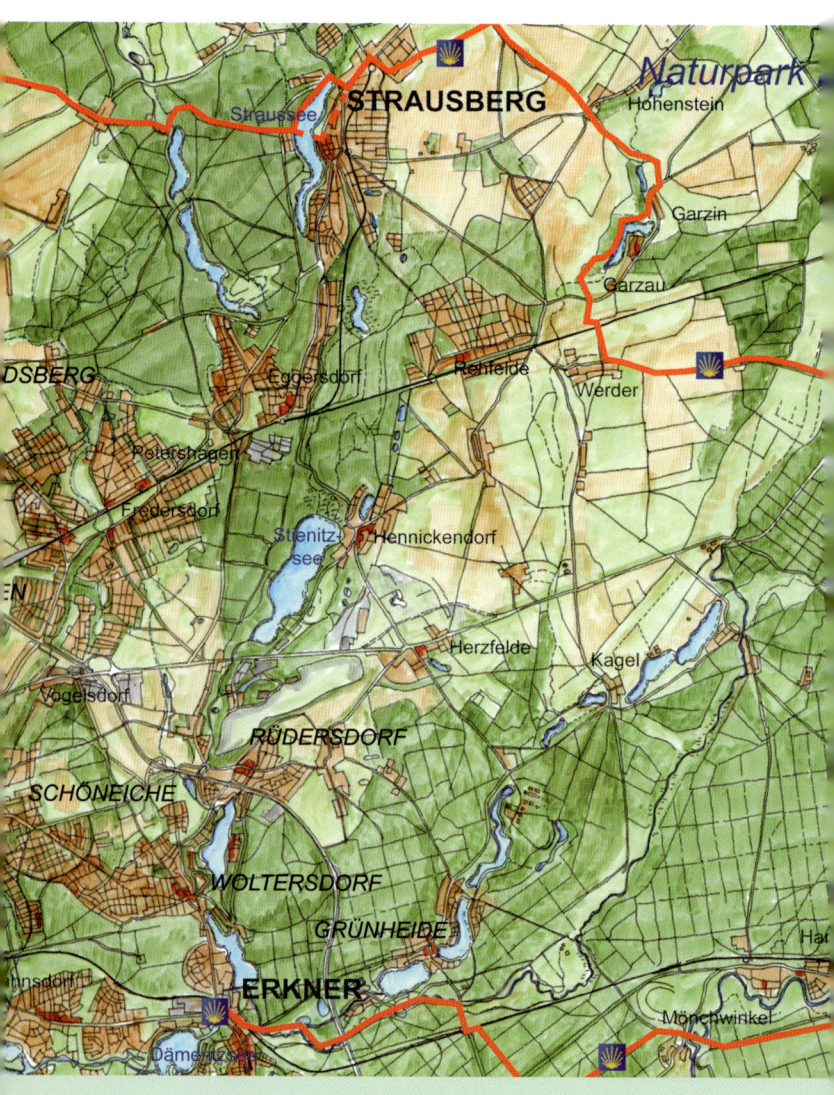

Von Fürstenwalde (Spree) nach Müncheberg

ca. 22 Kilometer

Wir verlassen Fürstenwalde über einen kleinen Berg und gehen vorbei an weiten Feldern, um zu einem kleinen Waldstück zu gelangen. Bisher vermuten wir nicht, was sich hinter dem Wäldchen verbirgt: der große blaue Trebuser See. Umgeben von Bäumen, die sich in der klaren, frischen Wasseroberfläche spiegeln, lädt er zum kurzen Verweilen oder zu einer Erfrischung ein. Danach machen wir uns auf in Richtung

Die mittelalterliche Kirche in Trebus.

Blick auf den Trebuser See.

Dorfmitte, um zu der kleinen Trebuser Kirche zu gelangen. Die evangelische Dorfkirche ist ein rechteckiger Feldsteinbau und stammt im Kern aus der zweiten Hälfte des 13. Jahrhunderts. Die Kirche wurde um 1745 barock umgestaltet, indem man sie teilverputzte und ihr einen quadratischen, westlichen Dachturm aus Fachwerk gab. Nach der Kriegszerstörung 1945 erfolgte ihre Wiederherstellung von 1953 bis 1955, wobei die alten Feldsteine als Baumaterialien verwendet worden sind.

Die Kirche von Trebus
Dorfkirche (nicht offen)
Informationen und Kontakt über die Kirche erhalten Sie von Pfarrer Jörg Hemmerling
Hauffstraße 26, 15517 Fürstenwalde (Spree)
☎ 03361/53 18, 📠 03361/30 42 54
✉ Joerg.Hemmerling.FW@t-online.de

Jänickendorf und Schönfelde

Auf dem Feldweg gehen wir weiter in Richtung Jänickendorf, einem Ort, der erstmals im 13. Jahrhundert erwähnt wurde. Für uns ist es interessant zu sehen, dass das Dorf sichtbare Strukturen eines typischen Angerdorfes besitzt. So finden wir auch schnell seinen Mittelpunkt: die Feldsteinkirche.

Begleitet von zwei großen Teichen und vielen Bäumen kommen wir dem weitgehend unveränderten Feldsteinquaderbau aus dem 13. Jahrhundert und seinem Turmaufsatz aus Fachwerk näher. Das Gebäude stammt aus dem Jahr 1691. Bis auf die spitzbogige Südporte und das eingestufte Westportal sind die übrigen Öffnungen barock überformt.

Die Dorfkirche in Jänickendorf.

Die Dorfkirche von Schönfelde.

Als wir in östlicher Richtung aus dem Dorf wandern, stellen wir fest, dass die Straßen des 700-jährigen Dorfes mit Altstadtpflastern saniert worden sind!

Unsere nächste Etappe auf der Verbindungsstrecke nach Müncheberg ist Schönfelde. Auch hier bekommen wir die Gelegenheit, uns die kleine, am Wegesrand liegende Dorfkirche näher anzusehen. Die umstehenden Tannen verbreiten eine märchenhafte Stimmung.

Die Dorfkirche von Jänickendorf
Dorfkirche Jänickendorf (Offene Kirche)
Den Schlüssel für die Kirche erhalten Sie beim Ortsbürgermeister
Nobert Jungbluth
Dorfstraße 31, Jänickendorf
☎ 033637/33 70

Eggersdorf

Mit Eggersdorf haben wir bald unser Etappenziel Müncheberg erreicht! Das Dorf wurde erstmals 1288 in einer Urkunde erwähnt, als Markgraf Ludwig der Ältere den Ort an Johannes Trebus aus Strausberg übergab.

Nach einer kurzen Rast am Dorfanger, besuchen wir auch hier die Dorfkirche. Es handelt sich um einen spätmittelalterlichen Bau aus verputzten Feld- und Backsteinen. Auch diese Kirche wurde, wie einige Kirchen auf unserer Wanderung, barock überformt. Der rechteckige Chor besitzt ein spitzbogiges Portal auf der Südseite. Die Fenster und der Kanzelaltar stammen aus der Mitte des 18. Jahrhunderts. Noch beim Umgehen der Kirche sehen wir den vorgelagerten, quadratischen Westturm.

Der in der ersten Hälfte des 19. Jahrhunderts veränderte Turm wird von einer Wetterfahne geschmückt, die aus der gleichen Zeit stammt. Beim Eintreten in das Gebäude fällt sofort der Kanzelaltar aus dem 18. Jahrhundert auf. Auf seinem Kanzelkorb befinden sich Darstellungen von den Evangelisten. Die Dorfkirche von Eggersdorf ist nicht offen.

Gasthaus Prasser
Hauptstraße 40, Eggersdorf
☎ 033432/666

Gaststätte »Fliegende Kiste«
Am Flugplatz 4, Eggersdorf
☎ 033432/733 73

Wir können Eggersdorf verlassen, indem wir ein kurzes Stück auf der Müncheberger Straße gehen. Dann nehmen wir den Feldweg, der uns rechte Hand durch Felder und Alleen nach Müncheberg führt. Hier können wir unseren Weg auf der Nordroute (siehe ab S. 38) fortführen.

Auf dem Weg zwischen Eggersdorf und Müncheberg.

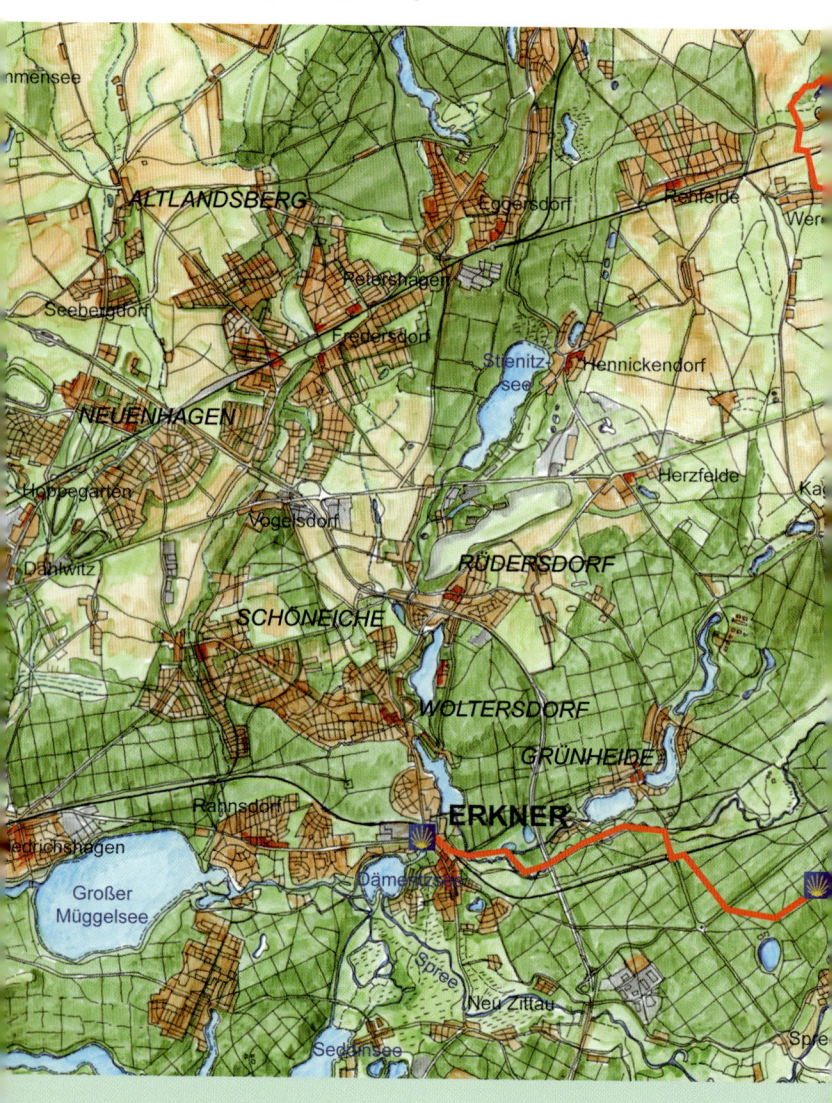

Von Fürstenwalde (Spree) nach Erkner

ca. 30 Kilometer

Mit dem Weg von Fürstenwalde nach Mönchwinkel haben wir eine 14 Kilometer lange Strecke vor uns. An den ehemaligen Weberhäusern vorbei, gelangen wir nach der Überquerung der Hangelsberger Chaussee auf einen von hohen Eichenbäumen gesäumten Wanderweg neben der Spree. An manchen Stellen bietet sich die Möglichkeit, das Spreeufer zu betreten.

Weberwiesen: In den 70er Jahren des 18. Jahrhunderts sollte unter Friedrich II. die preußische Wirtschaft durch die planmäßige Ansiedlung von Kolonisten gestärkt werden. Im Zuge dessen ließ der König in Fürstenwalde zwischen 1774 und 1776 mehrere Häuser für sächsische Damastweber errichten. Dazu war es notwendig, das feuchte und von Überschwemmungen durch die Spree bedrohte Gebiet, den so genannten Sauanger, trockenzulegen. Die Häuser der Weber besaßen jeweils einen Hof und einen Garten zur Selbstversorgung. Darüber hinaus erhielten die Weber 900 Taler Unterstützungsgeld und das Inventar für die Weberei.

Blühendes Feld bei Mönchwinkel.

110

Wir überqueren die Große Tränke in Richtung Mönchwinkel. Unser Weg führt ca. neun Kilometer durch den Fürstenwalder Stadtforst, der hauptsächlich aus Kiefern besteht. An einigen Stellen treffen wir erneut auf das nahe gelegene Spreeufer. Von der Spree aus eröffnet sich ein weitschweifiges Panorama auf die großen Wiesen – die Bürgerwiesen und die Schellhorstwiesen. Mit ganz viel Glück lässt sich hier manchmal der Rasselblock sehen...

Im Dickicht des Fürstenwalder Forstes haust der Sage nach ein merkwürdiges Tier: der **Rasselbock**. Sein Vater ist ein Hase, seine Mutter ein Reh. Um ihn zu fangen, müssen sich zwei Männer bei Vollmond auf einen Kreuzweg in die Tiefe des Waldes begeben – und zwar um Mitternacht. Nur zu dieser Stunde lässt sich der Rasselbock blicken. Während die eine Person einen Sack aufhält, sollte die andere mit einer Laterne davor hin- und herschwenken. Kommt der Rasselbock dann angesaust, muss die Laterne schnell weggezogen und der Sack zugebunden werden.

Mönchwinkel

Die 230 Einwohner zählende Ortschaft Mönchwinkel taucht in den regionalen Chroniken erstmals 1471 auf. Mit der Gründung des Klosters Zinna durch zwölf Zisterziensermönche im Jahr 1170 waren es vor allem fromme Ordensbrüder, die die menschenleere Landschaft durchstreiften und urbar machten. 1249 wurde ein Feldkloster im nordwestlich liegenden Kagel errichtet.

In dem heutigen Mönchwinkel bot sich damals auf dem Weg von Zinna nach Kagel in dem ansonsten von Sümpfen und Mooren durchzogenen Gebiet eine günstige Möglichkeit, die Spree relativ gefahrenfrei zu überqueren. Daher erscheint es nicht unwahrscheinlich, dass man jenem Ort, an dem Vorbeiziehende immer wieder Mönche versammelt sahen, den Namen »Monikwinckel« gab. Möglicherweise gehörte das damalige »Monikwinckel« (oder »Mongkewinkel«) auch zu den zahlreichen Außenposten des Mutterklosters Zinna. Historische Quellen berichten uns von den Anfängen von Fischzucht und Landwirtschaft in der umliegenden Gegend.

Eine mündlich überlieferte Version der Entstehungsgeschichte des Ortes amüsiert uns besonders: Sie besagt, dass der »**Winkel**« eine **Strafkolonie** für Mönche gewesen sei, die gegen die strengen Ordensregeln verstießen und sich hier in Einsamkeit und Wildnis in Askese üben sollten. Demnach wurden die Aufsässigen nur einmal in der Woche mit Lebensmitteln versorgt. Da allerdings der Weg dahin äußerst mühsam war, verzehrte der dafür bestimmte Bote oftmals einen erheblichen Teil des Proviants, so dass den Ausgestoßenen nur Reste übrig blieben. Um nicht zu verhungern, waren die Mönche somit gezwungen, selbst ihre leeren Mägen zu füllen. Was bot sich da besser an, als in der Spree zu fischen und das ein oder andere Wild zu erlegen?

Mit Sicherheit lässt sich sagen, dass erst im 18. Jahrhundert die systematische Erschließung des Gebietes erfolgte. In einem ehrgeizigen Siedlungsprojekt gelang es Friedrich II., Kolonisten für die Mark Brandenburg zu gewinnen.

Mönchwinkel besitzt neben dem kleinen Dorffriedhof eine kleine Friedhofskapelle. Diese wurde 1935 errichtet. Hier findet jeden zweiten Sonntag im Monat ein Gottesdienst statt. Bei Interesse wird die Kirche nach einer Voranmeldung auch für Besucher geöffnet.

Wasserblick bei Mönchwinkel.

Da wir Näheres über die Geschichte des Ortes und die Unverwechsel-
barkeiten der Region erfahren möchten, besuchen wir das seit 1998
existierende Heimatmuseum in Neu Mönchwinkel. Es befindet sich in
dem ehemaligen Schulgebäude und wurde von dem hier ansässigen
Heimatverein ins Leben gerufen. In dem sorgfältig renovierten Haus
befinden sich zahlreiche Ausstellungsstücke aus verschieden Zeiten
und Lebensbereichen. Vom Hornissennest über Saftpressen aus dem
19. Jahrhundert, handbetriebenen Bohrmaschinen und landwirtschaftlichen Geräten sowie DDR-Fernsehern kann der Besucher viele kleine
und große Dinge der Alltagswelt von gestern besichtigen. Die liebevoll
eingerichteten Räume und die angenehme Atmosphäre hinterlassen
einen tiefen Eindruck.

Friedhofskapelle
Weitere Informationen erhalten Sie von der
Gemeindeverwaltung Spreeau
Spreeauer Straße 29,
15537 Grünheide (Mark)
☎ 033633/585 50

Sonstiges
Heimatmuseum Mönchwinkel
Neue Spreeauer Straße 32,
15537 Grünheide (Mark)
🕐 Di. und Do. von 10 – 14 Uhr, So. 13 – 15 Uhr
☎ 033632/589 24
🖷 033632/56 30

Vom wenige Kilometer entfernten Hangelsberg besteht eine gute Zug-
verbindung nach Frankfurt (Oder) und Berlin. Außerdem besteht die
Möglichkeit in Hangelsberg zu übernachten oder in ein Restaurant
einzukehren.

Ein sorgfältig restauriertes **Gutshaus** aus dem Jahre 1750 befindet
sich im Ortsteil Wulkow auf der Strecke zwischen Mönchwinkel und
Hangelsberg. Hier lebte der impressionistische Maler Curt Herrmann
(1854–1929).

Das Dorf Hangelsberg liegt nur drei Kilometer von Mönchwinkel entfernt. Im Zuge der Völkerwanderung besiedelten slawische Stämme dieses Gebiet ab dem 6. Jahrhundert. Zu Beginn des 13. Jahrhunderts errichteten Zisterziensermönche des Kloster Zinna an diesem Ort und lebten von Fischzucht und Landwirtschaft. Die Ortsbezeichnung erscheint in abgeänderter Form erstmalig 1217, als die »hangelnden Bergen« an der Spree beschrieben wurden.

Dem **Markgrafpiesker Kirchenbuch**, ältestes Kirchenbuch dieser Region, entnehmen wir, dass im Jahre 1644 zwei Teerbrenner »auf dem Hangelsberg« lebten. Zu Beginn des 18. Jahrhunderts führt die Ortschronik ebenfalls einen Teerbrenner sowie einen königlichen Förster. Erst ab dem 19. Jahrhundert lässt sich von einem »Dorf« im eigentlichen Sinne sprechen. Das heutige Hangelsberg liegt auf der alten Handelsstraße zwischen Berlin und Frankfurt. Seit 1711 fungierte Hangelsberg als eine Zwischenstation auf der Poststrecke zwischen Frankfurt und Berlin. Im Jahre 1842, nur sieben Jahre nach der Eröffnung der ersten Eisenbahnstrecke Nürnberg–Fürth, erfolgte die Inbetriebnahme der Linie Berlin–Frankfurt, die bis heute aktiv ist.

Für uns ist Hangelsberg mit seiner idyllischen Wald- und Wiesenlandschaft ein wunderbarer Eintritt in einen naturbelassenen Abschnitt auf den historischen Jakobswegen. In den umliegenden Eichenwäldern erstrecken sich im Frühling unzählige Maiglöckchenwiesen. Bevor wir uns auf den Weg in die Natur machen, besuchen wir die Dorfkirche von Hangelsberg. Der Bau der evangelischen Kirche von 1928 geht auf die Initiative eines Regierungsbaurats aus Frankfurt (Oder) zurück. Die Kirchenglocke ist um einiges älter. Zu Beginn des 19. Jahrhunderts wurde sie ursprünglich für die Georgenkirche in Berlin angefertigt und gelangte erst einige Zeit später als Stiftungsgabe in die Gemeinde.

Die Kirche in Hangelsberg
Dorfkirche
🕐 nach dem Gottesdienst am Sonntag und nach Ansprache. Kontakt: Herr Pfarrer Martin Haupt, Evangelisches Pfarramt Hangelsberg.

Friedrich-Engels-Straße 23, 15517 Fürstenwalde
☎/🖷 03361/30 84 46
📧 MartinHaupt@otelo-online.de

Unterkunft
Ferienhaus Kopetschke
Unsal 12–13, 15518 Hangelsberg
☎ 033632/56 35
📧 Kopetschke@t–online.de

Unterkunft in der Umgebung
Grünheider Ferienpark
Am Schlangenluch E34, 15537 Grünheide
☎/🖷: 03362/61 20
📱 0172/903 25 20

Gastronomie
Gaststätte Zum Hangelwirt Hangelsberg
Bahnhofstraße 7, 15518 Hangelsberg
🕐 Mo. 11 – 24 Uhr; Mi. – Sa. 11 – 24 Uhr; So. 10 – 24 Uhr,
Di. Ruhetag
☎ 033632/590 80, 🖷 033632/53 55

Restaurant Bistro Zur Tanne
Röntgenstraße 79, 15518 Hangelsberg
🕐 Di. – So. ab 11 Uhr

Restaurant Café Spreegarten Hangelsberg
Am Spreeufer 40, 15518 Hangelsberg
🕐 täglich geöffnet
☎ 033632/485

Diejenigen unter uns, die nicht den Weg zum Bahnhof in Hangelsberg nehmen, folgen der Strecke in Richtung Erkner über Fangschleuse. Zunächst gelangen wir in die kleine Ortschaft Störitz, um dann von Fangschleuse durch das Löcknitztal in das acht Kilometer entfernte Erkner zu wandern. Die Löcknitz schlängelt sich hier, aus der Gegend um Müncheberg kommend, durch das gesamte Wald- und Seengebiet bis nach Erkner. Der Weg führt uns weiter durch einen alten Eichenwald. Schließlich gelangen wir, am Wupatzsee vorbei, nach Erkner.

Des Teufels Großmutter – Legende von der Entstehung der Löcknitz: In grauer Vorzeit wollte der Teufel seine Großmutter lehren, wie man einen Pflug zieht. Da die alte Frau aber längst zu schwach war, vermochte sie, trotz vieler Peitschenhiebe, den Pflug nur langsam durch Hin- und Herspringen fortzubewegen – der Legende nach kommen daher die zahllosen Windungen der Löcknitz.

Erkner

Mit dem Städtchen Erkner vollenden wir den letzten Abschnitt der Route in Ostbrandenburg.

Erkner liegt mit seinen 12.000 Einwohnern am östlichen Rande Berlins, eingebettet zwischen dem Dämeritzsee und dem Flakensee. Auch die Spree und Löcknitz verzieren das Bild der Stadt. Den Chroniken zufolge gab es in Erkner schon im Jahre 1579 das Haus eines Fischers und das eines Försters. Die kleine Stadt blickt auf eine vergleichbar kurze Stadtgeschichte zurück. Ab 1712 wurde eine Poststation eingerichtet, auf der die Pferde der Postkutsche auf ihrer Strecke entlang des alten Handelsweges zwischen Berlin und Frankfurt (Oder) gewechselt werden konnten.

Im 18. Jahrhundert führte der preußische König Friedrich II. die Seidenraupenzucht in Erkner ein und ließ eigens dafür eine Plantage anlegen. Da die kostbaren Raupen bevorzugt Maulbeerblätter fraßen, wurden zum gleichen Zeitpunkt ca. 1.500 Maulbeerbäume gepflanzt. Den letzten von ihnen kann man noch heute in der Friedrichstraße Erkners sehen. Eine alte preußische Postmeilensäule aus dieser Zeit ist ebenfalls erhalten geblieben.

Der rege Handel zwischen den Städten Berlin, Frankfurt und Breslau waren ausschlaggebend für die Inbetriebnahme einer **Postlinie** auf dieser Strecke. Seit 1711 verkehrten von da an regelmäßig Postkutschen auf den jeweiligen Abschnitten. Durch den Übergang über das

Seeblick in Erkner.

Flakenfließ stellte Erkner einen strategisch günstig gelegenen Punkt dar. Hier wurde dann auch eine Posthalterei eingerichtet. Die Boten durften an dieser Stelle verschnaufen und bei Bedarf die Pferde wechseln, um dann weiter nach Berlin oder Frankfurt zu gelangen. Zweimal wöchentlich passierte die Postkutsche die Zwischenstation Erkner. Eine Fahrt von Berlin nach Frankfurt an der Oder dauerte durchschnittlich zwischen zehn und 14 Stunden. Schließlich begann mit der Industriellen Revolution auch das Ende des Postkutschenzeitalters.

Mit der Eröffnung der Eisenbahnstrecke Berlin–Frankfurt (Oder) im Jahre 1842 verlor die Kutsche als Transportmittel schnell an Bedeutung. Noch im selben Jahr wurde die Postlinie eingestellt und die zu transportierenden Briefe auf die Schienen verlagert. In der zweiten Hälfte des 19. Jahrhunderts ist ein Bruch in der Geschichte Erkners zu erkennen. Die ehemalige Siedlung einiger dutzend Bauernfamilien entwickelt sich nun zu einer industriellen Produktionsstätte. Neben den Fachwerkhäusern pfälzischer Kolonisten wurden Manufakturen zur Teerdestillation (1860) erbaut und kurze Zeit darauf (1909) die weltweit erste Fabrik für die industrielle Produktion von Kunstoffen (Bakelite) errichtet.

In Erkner können wir gleich drei Kirchen besuchen: zum Ersten das Evangelische Gotteshaus, zum Zweiten die Katholische Kirche und zum Dritten das Neuapostolische Gotteshaus. Im Jahre 1910 erfolgte die Gründung der katholischen Kirchengemeinde »St. Bonifazius«.

Die evangelische Genezareth-Kirche wurde 1896 aus Backstein und Rüdersdorfer Kalkstein errichtet und 1897 im Beisein der Kaiserin Auguste Victoria eingeweiht. Die durch den Zweiten Weltkrieg verursachten Schäden des neugotischen, dreischiffigen Saalbaus mit dem quadratischen Westturm sind kurz nach 1945 beseitigt worden.

Sehenswert ist außerdem das Gerhard-Hauptmann-Haus, das vom Leben und Schaffen des Literaturnobelpreisträgers erzählt.

Für diejenigen unter uns, die sich für Orts- und Regionalgeschichte interessieren, empfiehlt sich ein Besuch im Heimatmuseum Erkner. Untergebracht in einem aufwendig restaurierten Fachwerkhaus der friderizianischen Kolonisationszeit, bietet es eine umfangreiche und liebevoll aufbereitete Sammlung verschiedenster Ausstellungsstücke.

Die Genezarethkirche in Erkner.

Selbstverständlich ist der Weg der Jakobspilger hier nicht zu Ende! Die letzte Wegstrecke führt von Erkner südlich am Müggelsee und der Müggelspree entlang in das 800 Jahre alte Köpenick, eine alten Slawensiedlung. Dort bietet sich ein Besuch in der Schlosskapelle, dem ersten protestantischen Sakralbau der Mark Brandenburg, und ein Gang durch die Altstadt an. Ab Alt-Köpenick besteht die Möglichkeit in Richtung Sachsen-Anhalt oder südlich in Richtung Leipzig nach Sachsen zu pilgern. An der Erschließung dieser südlichen Anbindung arbeitet derzeitig das Projekt »Jakobswege östlich und westlich der Oder«. In Bernau, Erkner und Alt-Köpenick finden die bisher erforschten Routen des Jakobsweges in Ostbrandenburg ihren vorläufigen Abschluss. Um nach Santiago de Compostela zu gelangen, können die regionalen Pilgerrouten und die überregionalen Wanderwege in Deutschland genutzt werden.

In diesem Sinne wünschen wir allen, die auf den erlebnisreichen Routen der Jakobspilger in Ostbrandenburg weiter pilgern oder wandern möchten: E ultreia! E sus eia! – Weiter! Auf geht's!

Die Kirchen in Erkner
Genezareth-Kirche
Die Kirche befindet sich in der Friedrichstraße,
Pfarrhaus und Kirchenbüro in der Seestraße 21
15537 Erkner
☎ 03362/33 35
🖨 03362/274 91
✉ pfarramt@ev-kirche-erkner.de
🖥 www.ev-kirche-erkner.de

Sankt Bonifatius
Hessenwinkler Straße 2
15537 Erkner
☎ 03362/35 50
✉ bonifatius-erkner@online.de
🖥 www.bonifatius-erkner.de

Gastronomie

Restaurant Löcknitzidyll
Fangschleusenstraße 1, 15537 Erkner
☎ 03362/36 14

Restaurant zum Nussknacker
Neue Zittauer Straße 41, 15537 Erkner
☎ 03362/281 37, 📠 03362/50 15 88
✉ zum.nussknacker@t-online.de
🖥 www.zum-nussknacker.de

Gaststätte Karutzhöhe
Grüner Weg 7, 15537 Erkner
☎ 03362/35 06

Gaststätte Kelling's Schifferstube
Uferstraße 20, 15537 Erkner
☎ 03362/35 06

Gaststätte Pension Vogelsang
Vogelsang 17, 15537 Erkner
☎ 03362/44 50

Unterkunft

Bildungszentrum Erkner Hotel
Seestraße 39, 15537 Erkner
☎ 03362/76 99 00

Bootshaus Burchardt – Zimmervermietung
Werftstraße 9, 15537 Erkner
☎ 03362/30 02

**Gemeinnützige Erkneraner Begegnungs-
und Weiterbildungsstätte**
Friedrichstraße 53 a, 15537 Erkner
☎ 03362/88 63 22

Pension Haus Andrea
Stäbchener Weg 1, 15537 Erkner
☎ 03362/85 77

Zimmervermietung Eleonore Fromme
Siedlerweg 36, 15537 Erkner
☎ 03362/50 10 79

Anbindung
🚊 RE 1 Magdeburg–Eisenhüttenstadt, S-Bahn S3
🚗 A12/E 30
🚲 Europaradweg R1

Der Weg geht noch weiter ...

Serviceteil

Ratschläge und Tipps

Im Mittelalter und in der Frühen Neuzeit begaben sich die Pilger zu Fuß oder zu Pferd auf die lange Reise nach Santiago de Compostela. Die in diesem Buch beschriebenen Etappen sind in Eintagestouren untergliedert.

Pilger schaffen zwischen 20 und 30 Kilometer pro Tag, was auch in ungefähr dem Tagesdurchschnitt eines mittelalterlichen Jakobspilgers entspricht. Das Gehen des Weges ist eine persönliche Herausforderung und die Zeit des Unterwegsseins ist für die Jakobspilger bedeutsam.

Deshalb erlauben wir uns an dieser Stelle einige Ratschläge, welche die längere Wanderung erleichtern können.

Körperliche Vorbereitung

Die Erfahrungsberichte vieler Jakobspilger zeigen, dass vorbereitendes Wandertraining insbesondere für das mehrwöchige Pilgern ratsam ist. Zur Vorbereitung kann man dafür allmählich länger werdende Strecken zur Übung bewältigen. In den ersten Tagen der Pilgerwanderung ist es außerdem sinnvoll, eher kürzere Etappen zu wählen und nicht allzu schnell zu gehen, um den eigenen Rhythmus zu finden.

Kleidung

Wie unsere eigenen Erfahrungen im Sommer 2007 bewiesen haben, gibt es auch in Ostbrandenburg keine Gut-Wetter-Garantie. Deshalb raten wir locker anliegende, schweißdurchlässige und dabei wind- und regenabweisende Kleidung, die den jahreszeitlichen Wetterverhältnissen angepasst ist.

Schuhwerk

Zur Vermeidung von Blasen ist es ratsam, gut eingelaufenes, atmungsaktives und Wasser abweisendes Schuhwerk zu tragen. Vorteilhaft für unebene Wege sind Knöchel umschließende Wanderschuhe, die besonders guten Halt beim Gehen geben, da es sonst leicht zu Zerrungen, Verstauchungen und ähnlichen Verletzungen kommen kann. Wenn man Strümpfe ohne Nähte trägt oder die Innenseite nach außen krempelt, kann man das Scheuern der Nähte verringern.

Ausrüstung

Der Rucksack als ständiger Begleiter sollte insbesondere bei längeren Pilgertouren der Größe des Wanderers angepasst sein und stützende Riemen im Hüft- und Brustbereich aufweisen.

Die Erfahrungen der Jakobspilger zeigen, dass das Gepäck nicht schwerer als zehn Kilogramm sein sollte, um sich etliche Mühsal auf dem Weg zu sparen.

Rollt man Kleidungsstücke eng zusammen und verpackt sie in kleine Plastiktüten und alles zusammen in eine große Tüte, so ist die Kleidung gut vor Nässe geschützt. Schwere Sachen sollten am Boden des Rucksacks und nahe am Rücken liegen.

Pilgerstab

Ein Wanderstock oder Pilgerstab aus elastischem Holz ist eine gute Stütze und gibt sicheren Halt auf unebenen Wegen. Im Mittelalter konnten Gefahren, wie herumstreunende Hunde, mit dem Pilgerstab abgewehrt werden. In den brandenburgischen Breiten können damit Büsche und Sträucher zur Seite gebogen werden, von denen man im Vorbeigehen oftmals Zecken abstreift.

Ernährung

Richtige und gesunde Ernährung ist ein wichtiger Motor für die Ausdauer des Pilgers. Während anstrengender Wanderphasen ist es am besten, tagsüber nur leichte Nahrung zu sich zu nehmen, ab und zu eine Kleinigkeit zu essen und sich die kräftigen Mahlzeiten für das Ende der Etappe aufzusparen.

Gesundheitstipps

Im Sommer sollten Kopf und Körper vor Sonne geschützt werden. Bei Überhitzung, starken Erschöpfungszuständen oder Kreislaufproblemen einen schattigen Ort aufsuchen und reichlich trinken! Die Notfallration Müsliriegel oder Traubenzucker schafft schnell neue Energie. Muskelkater und Krämpfe lassen sich verhindern, indem man Überanstrengung vermeidet und das Rastmachen an feucht-kühlen Orten unterlässt. Eine gesunde Ernährung trägt zur Widerstandskraft des Pilgers bei.

Sonstiges

Bei nächtlichen Wanderungen oder in der Dämmerung sind Reflektoren am Gepäck wichtig; insbesondere dann, wenn sich das Gehen auf befahrenen Strecken nicht vermeiden lässt. Wenn Sie auf einer Straße laufen müssen, bewegen Sie sich auf dem linken Randstreifen, damit entgegenkommende Autos Sie schnell erblicken können. Werfen Sie keine Abfälle in die Landschaft, sondern sammeln Sie Müll in einer Plastiktüte, die Sie im nächsten Ort entsorgen können.

Der Pilgerpass

Ein Pilgerpass gilt als Nachweis für den Status des Pilgers und für bestimmte Vorrechte und Begünstigungen. Auch heute bekommt man nur mit dem Pilgerausweis in den spanischen Pilgerherbergen Zutritt. In den Pilgerpass werden verschiedene Wegetappen sowie Stempel und Unterschriften von Pfarreien, offenen Kirchen, Unterkünften oder anderen Einrichtungen der Strecke des Jakobsweges eingetragen. Auf den Stationen besteht teilweise die Möglichkeit, meist in den Pfarrämtern oder den Übernachtungsorten, um einen Stempel für den Pilgerausweis zu bitten. Damit kann die Erinnerung an die Wanderung auch in Ostbrandenburg in dem Pilgerausweis festgehalten werden. Mit den entsprechenden Stempeln der letzten 100 km (für Radfahrer 200 km) vor Santiago de Compostela auf einer der anerkannten Routen des spanischen Jakobsweges, kann in Santiago de Compostela die Pilgerurkunde erworben werden. Der Pass ist nach der Reise noch, mit seinen Stempeln und Eintragungen, eine ansprechende und persönliche Erinnerung an das Erlebnis Jakobsweg und eine wichtige Tradition für die Auszeichnung der Pilger. Vorgedruckte Pilgerausweise erhält man vor Beginn der Reise bei den Jakobus-Gesellschaften.

Informationen sowie den Antrag auf die **Erstellung eines Pilgerbriefes** erhalten Sie gegen eine Spende bei:
Deutsche St. Jakobus-Gesellschaft e.V.
Tempelhofer Straße 21, 52068 Aachen, 🖷 0241/479 01 12
Download: www.kirche-im-bistum-aachen.de/kiba/dcms/traeger/6/deutsche-jakobus-gesellschaft/downloads/Anleitung_und_Antrag_Pilgerbrief.pdf

Auswahl wichtiger Gegenstände in der Ausrüstung

- Pilgerführer
- **Zusätzliches Kartenmaterial**
- Wichtige Dokumente (Personalausweis, Krankenversicherungskarte etc.)
- Regenpelerine, Schlafsack, Isoliermatte
- Insektenschutzmittel, Sonnenschutzmittel, Sonnen- und Regenschutz für den Kopf, Sonnenbrille
- Persönliche Reiseapotheke mit Blasenpflaster, Antiseptika, Desinfektionsmittel, entzündungs- und infektionshemmende Salbe, persönliche Medikamente
- Notrationen: Studentenfutter, Müsliriegel, Trockenobst, Traubenzucker
- Wasserflasche, Taschenlampe
- Sicherheitsnadeln und Schnur, um nasse Wäsche zum Trocknen aufzuhängen
- Messer und Büchsenöffner, Campinggeschirr

Kultur in Brandenburg

Kulturbetriebe Frankfurt (Oder)
Lindenstraße 7, 15230 Frankfurt (Oder)
☎ 0335/55 37 83 10, 🖨 0335/55 37 83 20
📧 kulturbetriebe-ffo@t-online.de

Kulturfeste Brandenburg e.V.
Schlossstraße 1, 144467 Potsdam
☎ 0331/231 12 14, 🖨 0331/231 12 16
📧 info@kulturfeste.de

Kultur GmbH Märkisch Oderland
Erich-Weinert-Straße 13, 15306 Seelow
☎ 03346/85 43 60, 🖨 03346/85 43 51
📧 kulturgmbh-mol@kultur-in-mol.de

Kulturland Brandenburg e.V.
Schlossstraße 12, 14467 Potsdam
☎ 0331/581 60, 🖨 0331/58 16 16
📧 info@kulturland-brandenburg.de

Landkreis Oder-Spree, Kultur, Sport und Denkmalpflege
Rudolf-Breitscheid-Straße 7, 15841 Beeskow
☎ 03366/35 14 71, 🖨 03366/210 21
📧 buero.landrat@landkreis-oder-spree.de

Tourismus und Wirtschaft in Brandenburg

Aktiv in der Natur
💻 www.aktiv-in-der-natur.de

Arbeitsgemeinschaft »Städte mit historischen Stadtkernen«
💻 www.ag-historische-stadtkerne.de

Brandenburgischer Kurorte- und Heilbäderverband e.V.
🖳 www.kurorte-land-brandenburg.de

Brandenburgische Schlösser GmbH
🖳 www.schloesser-gmbh.de

Brandenburgische Wanderbewegung Deutscher Tourismusverband
🖳 www.deutschertourismusverband.de

Handelsverband Berlin-Brandenburg e.V.
🖳 www.hbb-ev.de

Hotel- und Gaststättenverband Brandenburg e.V.
🖳 www.hoga-brandenburg.de

Kulturportal des Landes Brandenburg
🖳 www.kulturportal-brandenburg.de

Landestourismusverband Brandenburg e.V.
🖳 www.ltv-brandenburg.de

Museumsverband Land Brandenburg e.V.
🖳 www.museen-brandenburg.de

**»Pro agro« - Verband zur Förderung der Agrar- und Ernährungs-
wirtschaft des Landes Brandenburg e.V.**
🖳 www.natuerlich-brandenburg.de

Stiftung Preußische Schlösser und Gärten Berlin-Brandenburg
🖳 www.spsg.de

TMB (Tourismus-Marketing Brandenburg GmbH)
🖳 www.touristikpartner-brandenburg.de
🖳 www.reiseland-brandenburg.de

Tourismusverband Märkisch-Oderland e.V.
🖳 www.mol-t.de

Tourismusverband Oder-Spree-Seengebiet e.V.
🖥 www.oder-spree-seengebiet.de

pro-agro - Verband zur Förderung des ländlichen Raumes im Land Brandenburg e.V.
🖥 www.urlaubsbauernhoefe.de

Wichtige Telefonnummern

Busverkehr Märkisch Oderland GmbH
☎ 03341/47 83 10 oder 03346/899 70
✉ info@busmol.de, 🖥 www.busmol.de

Feuerwehr und Rettungsdienst Notruf: ☎ 112

Polizei Notruf: ☎ 110

Rettungsleitstelle: ☎ 192 22

Krankentransport und Rettungsdienst : ☎ 192 22

Medizinische Versorgung in einzelnen Orten

Bernau
Ärztlicher Bereitschaftsdienst
☎ 03334/35 49 49

Krankentransport und ärztlicher Bereitschaftsdienst
☎ 03338/192 22

Erkner
Ärztlicher Notdienst
☎ 03366/192 22

Fürstenwalde (Spree)
Krankenhaus: ☎ 033631/70
Rettungsstelle: ☎ 033631/733 10

Müncheberg
Rettungsdienst MOL
Bei Bränden, zur Lebensrettung: 0335/192 22
Bearbeitung von Krankentransporten: 0335/565 37 37

Strausberg
Rettungsstelle: 033638/830
Allgemeine Erreichbarkeit Rettungsdienst: 03341/360 80
Rettungsstelle Krankenhaus Strausberg: 03341/522 73

Museen

Bernau

Heimatmuseum Bernau Henkerhaus
Am Henkerhaus, 16321 Bernau
ⓘ Im Henkerhaus wird die Geschichte der Scharfrichterei und die
  Lebensweise der Bürger um die Jahrhundertwende dargestellt.
🕐 Di. – Fr. 9 – 12 Uhr und 13 – 17 Uhr, Sa. und So. 10 – 13 Uhr und
  14 – 17 Uhr
☎ 03338/ 2245

Am Steintor
Berliner Straße, 16321 Bernau
ⓘ Im Steintor wird die mittelalterliche Geschichte Bernaus ausge-
  stellt.
🕐 Mai – Oktober, Di. – Fr. 9 – 12 Uhr und 14 – 17 Uhr,
  Sa. und So. 10 – 13 Uhr und 14 – 17 Uhr
☎ 03338/29 24

Wolf Kahlen Museum
Am Pulverturm, 16321 Bernau
🕐 Fr. – So. 15 – 18 Uhr, feiertags 15 – 18 Uhr
  Eintritt: 4,00 €
☎ 03338/75 31 75
🖳 030/831 37 08
🖳 www.wolf-kahlen.net

Erkner

Gerhart-Hauptmann-Museum

Gerhart-Hauptmann-Straße 1–2, 15537 Erkner

ⓘ Das Leben und Werk des Schriftstellers werden in diesem Museum ausgestellt.

🕐 Di. – So. 11 – 17 Uhr, jedem ersten Do. im Monat ist bis 20.30 Uhr geöffnet
Eintritt: 1,96 €, ermäßigt 1,02 €;
Führungen 5,00 € (auf Wunsch mit Hauptmann-Film)

☎ 03362/36 63

🖥 03362/700 01 41

🖥 www.gerhart-hauptmann.org

Heimatmuseum Erkner

Heinrich-Heine-Straße 16, 15537 Erkner

ⓘ Im Heimatmuseum wird die Stadtgeschichte Erkners veranschaulicht.

🕐 Mi., Sa. und So. 13 – 17 Uhr
Eintritt: 1,30 €, ermäßigt 0,80 €, Führungen 5,00 €.
Führungen nach Voranmeldung

☎ 03362/224 52

Frankfurt (Oder)

Kleist Museum Frankfurt/Oder

Faberstraße 7, 15230 Frankfurt (Oder)

ⓘ Im Kleist Museum befindet sich eine Dauerausstellung zum Leben und Werk des Dichters Heinrich von Kleist.

🕐 Di. – So. 10 – 17 Uhr,
Archiv: Mo. – Fr. 10 – 16 Uhr
Für den Besuch des Archivs ist eine telefonische Anmeldung erwünscht
Eintritt: 3,00 €, ermäßigt 2,00 €.

☎ 0335/53 11 55

🖥 0335/500 49 45

🖥 www.kleist-museum.de

Museum Viadrina

Carl-Philipp-Emanuel-Bach-Straße 11, 15230 Frankfurt (Oder)

ⓘ Das Museum Viadrina gilt als das größte kulturhistorische Museum Ostbrandenburgs und stellt in einer Dauerausstellung unter anderem die bedeutende Rolle Frankfurts im Mittelalter dar, sowie die Entwicklungen der Stadt bis ins 20. Jahrhundert.

🕐 Di. – So. 11 – 17 Uhr
Eintritt: für das Junkerhaus (Museum Viadrina) und den PackHof (Museum Junge Kunst): 3,00 €, ermäßigt 2,10 €

☎ 0335/40 15 60

🖨 0335/401 56 11

🖥 www.museum-viadrina.de

Museum Junge Kunst – Kabinett und Verwaltung

Heilbronner Straße 19, 15230 Frankfurt (Oder)
Eintritt: 1,00 €, ermäßigt 0,70 €

☎ 0335/53 58 67, 🖨 0335/500 42 87

Museum Junge Kunst – Rathaushalle (Ausstellungshalle)

Marktplatz 1, 15230 Frankfurt (Oder)
Eintritt: 2,00 €, ermäßigt 1,50 €

☎ 0335/552 41 50

Museum Junge Kunst – PackHof

Carl-Phillip-Emanuel-Bach-Straße 11, 15230 Frankfurt (Oder)

🕐 Di. – So. 11 – 17 Uhr

Wenn Sie das Kabinett und die Rathaushalle gleichzeitig besichtigen möchten, zahlen Sie für beide Häuser 2,30 € und ermäßigt 1,70 €.

☎ 0335/40 15 60

🖥 www.museum-junge-kunst.de

Sportmuseum

Slubicer Straße 7-8, 15230 Frankfurt (Oder)

🕐 Di., Do. und Fr. 15 – 18 Uhr, Sa. 13 – 16 Uhr

☎ 0335/665 96 63

🖨 0335/665 96 63

🖥 www.sportmuseum-ffo.de

Fürstenwalde (Spree)

Städtisches Museum Fürstenwalde
Domplatz 1, 15517 Fürstenwalde
ⓘ In diesem Museum wird die Ur- und Frühgeschichte der Region
   und die Stadtgeschichte Fürstenwaldes dargestellt.
🕐 Di. – So. von 13 bis 18 Uhr
   Eintritt: 4,00 €/ ermäßigt 2,00 €
☎ 03361/21 30, 🖨 03361/21 30,

Haus Brandenburg
Parkallee 14, 15517 Fürstenwalde (Spree)
ⓘ Das Haus Brandenburg ist ein Dokumentationszentrum für das
   ostbrandenburgische Vertreibungsgebiet und vermittelt Kennt-
   nisse über die Region, ihre Kultur und die Geschichte.
🕐 Mo. – Fr. 9 – 13 Uhr sowie nach Vereinbarung,
   feiertags geschlossen
   Bibliothek und Archiv: Di. und Do. 10 – 15 Uhr, vor Besuch
   Anmeldung, feiertags geschlossen
☎ 03361/31 09 52, 🖨 03361/31 09 56 (Sekretariat)
🖥 www.haus-brandenburg-fuerstenwalde.de

Mönchwinkel

Heimatmuseum Mönchwinkel
Neue Spreeauer Straße 32, 15537 Grünheide (Mark)
🕐 Di. und Do. 10 – 14 Uhr; So. 13 – 15 Uhr
   Anmeldung bei Gruppenbesuchen erwünscht
   Eintritt: 1,50 €, ermäßigt 0,50 €
☎ 033632/589 24, 🖨 033632/56 30

Strausberg

Heimatmuseum Strausberg
August-Bebel-Straße 33, 15344 Strausberg
ⓘ In diesem Museum wird über die Stadtgeschichte und die Lebens-
   weise der Stadtbevölkerung informiert.

🕐 Mai – Oktober: Di. – Do. 10 – 12 Uhr und 13 – 17 Uhr,
So. 14 – 17 Uhr; November bis März: Di. – Do. 10 – 12 Uhr
und 13 – 17 Uhr. Führung und Gruppen nach Vereinbarung
Eintritt: 2,00 €, ermäßigt 0,80 €
☎ 03341/236 55, 🖶 03341/49 77 39

Touristeninformationen

Bernau

Fremdenverkehrsamt Bernau
Bürgermeisterstraße 4, 16321 Bernau
🕐 April – September: Mo. – Fr. 9 – 18 Uhr, Sa. 9 – 13 Uhr;
Oktober – März: Mo., Mi. u. Fr. 9 – 17 Uhr; Di. u. Do. 9 – 18 Uhr
☎ 03338/76 19 19, 🖶 03338/76 19 70
📧 Fremdenverkehrsamt@bernau-bei-berlin.de
💻 www.bernau-bei-berlin.de

Erkner

Tourismusverein Erkner e.V.
Friedrichstraße/ Ecke Beuststraße, 15537 Erkner
🕐 Oktober – April: Mo., Di., Do., Fr. 10 – 16 Uhr, Mi. 10 – 18 Uhr,
Sa. 10 – 13 Uhr; Mai – September: Mo. – Fr. 9 – 18 Uhr,
Sa. 10 – 14 Uhr, So. und feiertags 10 – 13 Uhr
☎ 03362/74 03 18, 🖶 03362/88 99 06,
📧 info@tourismusverein-erkner.de
💻 www.tourismusverein-erkner.de

Frankfurt (Oder)

Tourismusverein Frankfurt (Oder) e.V.
Karl-Marx-Straße 1, 15230 Frankfurt (Oder)
🕐 Mo. – Fr. 10 – 18 Uhr, Sa. 10 – 14 Uhr
☎ 0335/32 52 16, 🖶 0335/225 65
📧 laden@frankfurt-oder-tourist.de
💻 www.frankfurt-oder-tourist.de

Fürstenwalde (Spree)

Fürstenwalder Tourismusverein e.V.
Mühlenstraße 26, 15517 Fürstenwalde (Spree)
☎ 03361/76 06 00
🖷 03361/76 06 01
🕐 Oktober – April: Mo. – Fr. 9 – 17 Uhr, Sa. 9 – 12 Uhr;
    Mai – September: Mo. – Fr. 9 – 18 Uhr, Sa. 9 – 14 Uhr
🖳 info@fuerstenwalde-tourismus.de
🖥 www.fuerstenwalde-tourismus.de

Müncheberg

Touristinformation Müncheberg
Ernst-Thälmann Straße 101, 15374 Müncheberg
☎ 033432/709 31
🖷 033432/738 19
🖳 touristinfo@stadt-muencheberg.de

Strausberg

Stadt- und Touristinformation Strausberg
August-Bebel-Straße 1, 15344 Strausberg
☎ 03341/31 10 66, 🖷 3341/31 46 35
🕐 Dezember – Februar: Mo. – Do. 10 Uhr – 17 Uhr, Fr. 10 – 14 Uhr;
    März – April: Mo. – Fr. 10 Uhr – 17 Uhr;
    Mai – September: Mo. – Fr. 10 Uhr – 17 Uhr, Sa. 10 – 16 Uhr;
    Oktober – November: Mo. – Fr. 10 – 17 Uhr

Allgemeine Informationen zum Jakobsweg

Deutsche Sankt-Jakobus-Gesellschaft
Tempelhofer Straße 21, 52068 Aachen
☎ 0241/479 01 27, 🖷 0241/479 01 12
🖥 www.deutsche-jakobus-gesellschaft.de

Allgemeine Informationen zum Jakobsweg
🖳 www.jakobus-info.de

Informationen zum Jakobsweg in Ostbrandenburg
🖳 www.jakobsweg-viadrina.eu

Quellen für dieses Buch

Badstübner, Ernst: Brandenburg. Zwischen Elbe und Oder – Kunst und Geschichte des norddeutschen Binnenlandes, Köln 1995.

Brandenburgischer Provinzialband (Hg.): Die Kunstdenkmäler der Provinz Brandenburg, Bd. VI, 2, Stadt Frankfurt an der Oder, Berlin 1912.

Dehio, Georg: Handbuch der deutschen Kunstdenkmäler. Brandenburg, München 2000.

Engel, Evamaria/Enders, Liselott/Heinrich, Gerd/Schich, Winfried (Hg.), Städtebuch Brandenburg und Berlin, Stuttgart/Berlin/Köln 2000.

Fontane, Theodor, in: »Wanderungen durch die Mark Brandenburg« hg. von Gotthard Erler und Rudolf Mingau, vierter Teil Spreeland, Beeskow-Storkow und Barnim-Teltow, Brandenburg. Band 3: Der Osten, Berlin 1994.

Heinrich, Gerd (Hg.): Historische Stätten. Berlin und Brandenburg, Stuttgart 1985.

Heinrich, Gerd (Hg.): Handelsstraßen des Mittelalters. 1300 – 1375 – 1600, Berlin/New York 1980.

Hootz, Reinhardt (Hg.): Deutsche Kunstdenkmäler. Mark Brandenburg und Berlin, Darmstadt 1971.

Institut für Denkmalpflege der DDR (Hg.), Die Bau- und Kunstdenkmale in der DDR. Bezirk Frankfurt/Oder, Berlin 1980.

Janowski, Bernd: Förderkreis Alte Kirchen Berlin-Brandenburg e.V. (Hg.), Offene Kirchen, Heft 2006, Berlin 2006.

Knefelkamp, Ulrich/Griesa, Siegfried (Hg.): Frankfurt an der Oder. 1253 – 2003, Berlin 2003.

Knefelkamp, Ulrich/Reddig, Wolfgang (Hg.): Klöster und Landschaften. Zisterzienser westlich und östlich der Oder, Frankfurt (Oder), 2. Auflage 1998.

Kleines Wörterbuch der Architektur. Universal-Bibliothek Nr. 9360; 4. Auflage, Stuttgart 1997.

Kurze, Dietrich: Berlin-Brandenburgische Kirchengeschichte im Mittelalter, Berlin 2002.

Landesamt für Denkmalpflege Brandenburg, Denkmale in Brandenburg. Stadt Frankfurt (Oder), Bd. 3., Worms a. R. 2002.

Materna, Ingo/Ribbe, Wolfgang: Brandenburgische Geschichte, Berlin 1995.

Scharfe, Wolfgang/Scheerschmidt, Holger: Berlin-Brandenburg im Kartenbild. Wie haben uns die anderen gesehen? Wie haben wir uns selbst gesehen?, Berlin 2000.

Weiterführende Literatur zum Jakobsweg

Barret, Pierre/Gurgand, Jean-Noël: Auf dem Weg nach Santiago in den Spuren der Jakobspilger, Freiburg 2004.

Benesch, Kurt: Santiago de Compostela. Als Pilger auf dem Jakobsweg. Freiburg, Basel, Wien 2004.

Bottineau, Yves: Der Weg der Jakobspilger. Geschichte, Kunst und Kultur der Wallfahrt nach Santiago de Compostela, Paris 1983.

Drouve, Andreas: Lexikon des Jakobsweges. Personen, Orte und Legenden, Freiburg, Basel, Wien 2006.

Frey, Nancy Louise: Santiagopilger unterwegs und danach. Auf den Spuren einer alten Route im heutigen Spanien, Volkach/Main 2002.

Herbers, Klaus: Jakobsweg. Geschichte und Kultur einer Pilgerfahrt, München 2006.

Herbers, Klaus: Der Jakobsweg. Mit einem mittelalterlichen Pilgerführer unterwegs nach Santiago de Compostela, Tübingen, 7. Auflage, 2001.

Kanz, Heinrich: Jakobswege als Erste Europäische Kulturstraßen. Wanderpädagogische Reflexionen, Frankfurt am Main, Berlin, Bern u.a. 1995.

Kühn, Christoph: Die Pilgerfahrt nach Santiago de Compostela. Geschichte, Kunst und Spiritualität, Leipzig 2005.

Ohler, Norbert: Pilgerstab und Jakobsmuschel. Wallfahren in Mittelalter und Neuzeit, Düsseldorf, Zürich 2000.

Ohler, Norbert: Pilgerleben im Mittelalter. Zwischen Andacht und Abenteuer, Freiburg, Basel, Wien 1994.

von Saucken, Paolo Caucci: Pilgerwege. Santiago de Compostela, Augsburg 2004.

Tworuschka, Monika und Udo: Heilige Stätten. Die bedeutendsten Pilgerziele der Weltreligionen, Darmstadt 2004.

Die Autorinnen

Lina Lisa Kolbitz, geboren 1979, M.A. in Kulturwissenschaften, M.A. in Kulturmanagement und Kulturtourismus, lebte und arbeitete in Santiago de Compostela. Derzeit koordiniert sie das Projekt »Jakobswege östlich und westlich der Oder«.

Laura Murzik, geboren 1980, M.A. in Kulturmanagement und Kulturtourismus, lebt in Berlin und war maßgeblich an der Entwicklung und Durchführung des Projekts „Jakobswege östlich und westlich der Oder" beteiligt. Derzeit promoviert und arbeitet sie als wissenschaftliche Mitarbeiterin am Lehrstuhl für Kulturmanagement in Frankfurt (Oder).

Der Herausgeber

Ulrich Knefelkamp, Prof. Dr. Dr., geboren 1951, promovierte in Geschichte und Ethnologie an der Universität Freiburg. Derzeit lehrt er an der Europa-Universität Viadrina als Professor für mittelalterliche Geschichte Mitteleuropas und regionale Kulturgeschichte. Er ist Initiator des Projektes »Jakobswege östlich und westlich der Oder«.

Danksagung

Besonders großer Dank geht an Professor Ulrich Knefelkamp und an Werner Seibt sowie an unsere weiteren Projektkoordinatoren der letzten Semester: Steffen Bahnsen, Aloña Elizalde König, Justyna Gralak, Helga Grune, Magda Hawrysz, Katharina Maak, Sara Meiers, Anja Persinger, Magda Pietrzak, Johann Scharfe, auch Sabine Walter und Katrin Lippmann. Darüber hinaus danken wir den engagierten Studenten der Seminare, denen die Realisierung des Projektes zu verdanken ist und mit deren Vorarbeiten die Erstellung des Pilgerführers erreicht werden konnte.

Für die wunderbaren Kirchenaufnahmen danken wir Barbara Eismann. Die übrigen Fotos in diesem Buch verdanken wir Jan Gestewitz, Bernhard Klemm, Sarah Pfeil und Roland Totzauer. Kunsthistorische Recherchen zu den Kirchen übernahm Elke Glas. Darüber hinaus möchten wir uns für das Kartenmaterial und die Zeichnungen der Kirchen bei Ludwig Krause bedanken.

Unser Dank gilt letztlich dem Ministerium für Wissenschaft, Forschung und Kultur und dem Ministerium für Wirtschaft des Landes Brandenburg für die finanzielle Unterstützung beim Druck des Buches.

Lina Lisa Kolbitz und Laura Murzik

Weitere Informationen zum Projekt »Jakobswege östlich und westlich der Oder« sind auf der Webseite
www.jakobsweg-viadrina.eu
zu finden.

Berlin   Bernau   Erkner

0 1 2 3 4 5km